Crónicas de Mauricio Babilonia

Crónicas de Mauricio Babilonia

Ernesto Bondy

libros
en **red**

www.librosenred.com

Dirección General: Marcelo Perazolo
Diseño de cubierta: Patricio Olivera

Primera edición en español - Impresión bajo demanda

© LibrosEnRed, 2022
Una marca registrada de Amertown International S.A.

ISBN: 978-1-62915-475-6

Para encargar más copias de este libro o conocer otros libros de esta colección visite www.librosenred.com

DEDICATORIA

Para María Eugenia, Nicole, Paola, Ernesto Carlo, Helmut y Mauricio Babilonia. Un beso a todos.

INTRODUCCIÓN DEL AUTOR

Cuando la patria en su deterioro baja persistentemente la cuesta y no lo puedes parar, existe siempre el derecho de opinar *(que no calle el cantor...)* y de colaborar con un grano de arena..., aunque, como dice Mafalda, poniéndolo en el ojo de alguien.

Por mi parte, tratando de hacer bien mi trabajo de ingeniero, de escritor, de vecino y de padre de familia decidí ser partícipe de lo que ocurría alrededor y agregué a mis pulsiones el prurito de censurar y opinar sobre las cosas que no me gustaban en el ámbito político y social, y la mejor forma de hacerlo fue terciando en estas esferas exponiendo mis ideas al público a través de un medio de comunicación popular como lo es un periódico escrito.

Por otra parte, como escritor me sentía acosado por la ofuscación de los autores locales en denunciar permanentemente al statu quo en sus obras y defender al sujeto oprimido como condición intelectual nacional. Entonces, publicando en un periódico mis exabruptos socio políticos e ideológicos, además de llegar oportunamente a una mayor cantidad de público no contaminaba mi ficción universal con ese realismo social tan abnegado en la literatura nacional.

Las crónicas acumuladas en este libro son mías y las publiqué durante 28 años con el seudónimo de *Mauricio Babilonia*, un sobrenombre recogido de la saga macondiana u hojarasca de "100 Años de soledad", de un galán que siempre llevaba sobre su cabeza un revoloteo de mariposas amarillas, como feromonas, y se fornicaba a Renata Remedios en el patio de atrás de los Buendía... El propio Gabriel García me lo autorizó en una ocasión en que nos encontramos en el aeropuerto Jorge Chávez de Lima y viajamos en el mismo asiento hasta Panamá —aunque no me lo crean—. Le gustó mi desate literario y a mí el de él, e inclusive, al hablar de Babilonia felicitó mi visión sobre la nube de mariposas amarillas revoloteando sobre una torta húmeda de boñiga en cualquier camino rural de América rural, por lo que me recomendó reivindicar el nombre de su personaje cuando buscase un seudónimo para salir al público con mis escritos.

Al tenor de estos impulsos, envié mi primer escrito *"Chifla y rechifla"* dedicado al Presidente Rafael Callejas (1992). Su gobierno concluía y había que entregar la Banda Presidencial en el Estadio Nacional bajo la duda de si la población los iba a aplaudir o a escarnecer. Pues me toco advertirle y ustedes recordaran lo que ocurrió en su momento. Luego vinieron muchas otras motivaciones para redactar en el discurrir de ocho y medio gobiernos —a cual más aciago—, seleccionando a su tiempo algunos desajustes que ahora divulgo en este libro con la frecuencia y compromiso que me permitieron mis otros oficios de ciudadano.

Honduras es un país de críticas constantes y el tal Mauricio jamás descansaría. Funcionarios, políticos, ediles, curas, soldadescos, empresarios, plebeyos, chucos y pachucos pasan en un constante contubernio de yerros matutinos y vespertinos, de desaciertos estacionales y eternos, morales y universales, y si te dedicas a criticarlos todos morirías de angustia o mortificación. Pero tampoco puedes ayunarlos, porque tienes espíritu, familia, negocios, fe, amistades, logias y cultura y ellos están atentando contra tu felicidad, sin dejarte más opción de resistencia que sentarte a escribirlos, mentándole su defecto al tal Zutano para que te lo lea Perengano, y enviar tus opiniones a un rotativo en espera de que el dueño no sea parte del desaguisado y te lo publique.

El periódico cayó por su propia cuenta. Además de ser el diario de mi ciudad fueron los que mejor atendieron a Mauricio Babilonia y le brindaron un lugar en su comparsa editorial. Me publicaron 60 por ciento de lo enviado, censurándome el resto por espacio — supongo—, o por temática o política editorial, anonimato o simple juicio de intereses. Los escritos sobre seres uniformados y ensotanados creo que fueron los más condenados.

Ahora concluyo mi introducción de autor y comienzo el libro que describe mi contexto mental político social de las últimas décadas y mis posiciones progresistas de hondureño redimido.

Buen apetito.

Ernesto Bondy.

Año 2020

Tribuna

DEL PUEBLO

Billetes olanchanos

Año 2020

Si se calla el cantor

Si se calla el cantor calla la vida
porque la vida misma es todo un canto,
si se calla el cantor muere de espanto
la esperanza, la luz y la alegría.

Si se calla el cantor se quedan solos
los humildes gorriones de los diarios,
los obreros del puerto se persignan,
quién habrá de luchar por sus salarios.

Qué ha de ser de la vida si el que canta,
no levanta su voz en las tribunas,
por el que sufre, por el que no hay ninguna razón
que lo condene a andar sin manta.

Si se calla el cantor muere la rosa,
de qué sirve la rosa sin el canto,
debe el canto ser luz sobre los campos,
iluminando siempre a los de abajo.

Horacio Guaraní

Recuerdos de mi infancia (canción)

Al rumor de las selvas hondureñas
mi dulce cuna, suave se meció,
sus brisas me arrullaron halagüeñas
y un cielo de topacios me cubrió.

En sus florestas encantadoras
felices horas, felices horas yo disfruté.
Oyendo cantos, mirando flores,
sintiendo amores, sintiendo amores,
teniendo fe, teniendo fe.

Oh! celestes visiones de mi infancia
Oh! paraíso de inocente amor,
no esquivéis vuestra límpida fragancia
a mi alma que hoy se muere de dolor.

Niñas hermosas de mi alborada,
que en polvo y nada, que en polvo y nada
rodar me veis, ensueños de oro, tiempo querido,
por Dios, os pido, por Dios os pido
no me olvidéis, no me olvidéis.

Carlos María Varela

Don Adán.
La Tribuna. 28/4/2020
Tanto tiempo sin enviarle mis notas. Un gran saludo desde mi cuarentena a la suya.
Por favor publíqueme en la Tribuna del Pueblo. Esta vez le adjunto dos fotografías descriptivas.
Publicado en Tribuna del Pueblo el 5 de mayo de 2020

Billetes olanchanos

Una fotografía muestra el billete de Dos Lempiras de Honduras, con el término PRESIDENTA escrito bajo la firma jerárquica correspondiente al espacio del Presidente del Banco Central de Honduras.

Es un término ideológico *Políticamente incorrecto*. Irrespeto e Ignorancia coloquial impropia de una institución gubernamental como debe de ser un banco de la Nación. A la persona que preside un *"ente"* se le llama presidente (RAE)

El billete fue impreso en mayo de 2010, durante el escabroso gobierno *lumumbista* de Porfirio y Rosita Lobo...

La Academia Hondureña de la Lengua debería de enviar una nota aclaratoria al Directorio del Banco sobre el chasco efectuado repetida e intencionalmente, demandándoles el uso apropiado de los términos del español correcto. Asimismo, la Secretaria de Gobernación (o como se le llame actualmente), debería de tomar cartas en el asunto antes de que otro pat@n ejecutiv@ de nuestro banco nacional repita el desaguisado y nos muestre al mundo de cómo somos a veces.

Además, en este escrito se muestra el billete de Un Lempira impreso en el año 2000 (Durante el gobierno de Carlos Flores), firmado por Victoria de Díaz, en el cual se salva la forma felizmente usando correctamente el término idiomático apropiado: PRESIDENTE, mientras que el billete plástico de

20 lempiras impreso en el 2008 (Gobierno *charrasqueado* de Mel Z.) contiene el mismo error gramatical bajo la firma de Sandra de Midence.

Ambos gobiernos de Presidente olanchano… ¿Sera?

¿Y si lo supiera Harari?

Mauricio Babilonia

Cerro Juanalainez
Teguzgalpa de humo y lágrimas

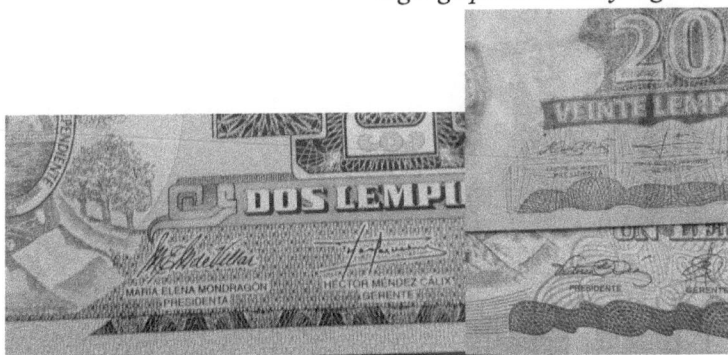

Año 2019

Tribuna
DEL PUEBLO

Guantánamo para expresidentes latinoamericanos

Mauricio Baldizona

Tribuna
DEL PUEBLO

Biósfera de transgresión femenina..., no tan *Pink*

Mauricio Baclonne

Don Adán Elvir.
La Tribuna. Noviembre de 2019
Publicado en Tribuna del Pueblo el 12 de diciembre de 2019

43 AÑOS Y 27 JUNTOS

Es un placer escribirle para saludarlo y felicitarlos en ese diario por cumplir 43 años de existencia. Un saludo igual para don Carlos R. Flores.

En su noble misión de servir a la patria —tal como anuncian—, he logrado colarme un tantito en sus espacios de expresión enviando a vuestro público lector muchos de mis comentarios y criterios político-sociales en la medida en que ocurrían los hechos de interés, siempre a través de la columna Tribuna del Pueblo, con el seudónimo de "Mauricio Babilonia" como la voz de un capitalino más con residencia en el "Cerro Juanalainez", de adonde todo se ve...

Envejecemos juntos. Desde 1992 que envié mi primer artículo sobre "Colon y los Lencas", con un sarcasmo crítico hacia el bárbaro iconoclasta que derribó la estatua del Almirante del Virreinato de las Indias, desde esa fecha los he acompañado con entusiasmo en los últimos 27 años de edición de La Tribuna habiendo redactado y enviado al rotativo más de 100 artículos, de los cuales fueron divulgados 85 y el resto que me censuraron o no hubo espacio para publicarlos.

Muy satisfecho por vuestra antigüedad y por el espacio que desinteresadamente me han brindado todos estos años.

Mauricio Babilonia.

Tegucigalpa post MB.

Don Adán Elvir.

Un saludo. 2 de julio de 2019

Le adjunto un comentario sarcástico sobre la dinámica de los muros anti inmigrante que se nos viene en nuestra geopolítica centroamericana. A pelear entre nosotros. Le agradecería me las publique en la columna "Tribuna del pueblo". Atentamente.

Mauricio Babilonia. Tropicodecancer2000@hotmail.com

Publicado en Tribuna del Pueblo el 9 de julio de 2019

Sobre los muchos "muros" de Trump ¡pilas!

"Un alto MURO a lo largo de la frontera y México lo va a financiar…" —prometió Trump cuando candidato—, y México lo está financiando pero en la frontera con Guatemala. Es la mítica nueva MURALLA hidráulica gringa porque del *Río Grande* se pasaron al Río *Usumacinta*, y ahora Guatemala con un convenio con la USA construirá su PARED en el *Río Motagua*. Y Honduras tendrá que ir cabizbajo a construir CERCOS en los ríos *Negro* y *Guans Coco* para atajar a los *mucos piricuacos* y a los africanos que vienen desde Sudamérica, e instalar alambradas en el *Río Goascorán* para que El Salvador no agrupe en nuestro territorio a sus MAREROS. Y así, pa'abajo, hasta el Canal de Panamá. ¡No pasaremos!

De igual, para el defectuoso Triángulo Norte viene el *Muro Consular* que limitara las visas y los galenos incendiarios ya no viajaran al *Imperio* a especializarse, ni a Congresos médicos. Ni ellos ni sus parientes. Ni a USA ni a Europa. Ni tendrán la opción de recibir remesas. Y se enlistara a los encapuchados cuyos rasgos están grabados en las mil y una cámaras instaladas en las vías públicas y tampoco habrá visa a los diputados *Pandora* fichados por la *Macy's*, ni sus cónyuges ni descendientes ni a aquellos paisanos de la *"resistencia"* que de *"papos"* han venido saturando de *memes "Go Home"* sus cuentas de Internet, y burlándose del Presidente de los USA en las traicioneras e infieles *redes sociales*. Ya no pasaran del *Río Motagua* ni saldrán de Tegucigalpa a menos que sea para Comayagüela. Y ahora todos estarán en la nube encriptada de *Oracle…*, un nuevo *"muro digital"* que viene con las reformas y el 5G.

Entonces, el *"sueño americano"* se volvió "sueño mexicano" y hay que pasar 3 muros, 3 coimas, 3 maras, 3 carteles y 9 grupos policiales… Y ya no habrá ayuda económica de USA y mañana menos. Y bajaron las remesas. Y un día no lejano no habrá ni electricidad, ni agua, ni internet, ni *Netflix*, ni futbol, ni repuestos, ni gasolina, ni libros ni fertilizantes, ni celulares, ni medicamentos, ni vacunas, ni carreteras y solamente ropa de bulto, dengue y zombis en las calles más algunas latas de mantequilla que nos envíe algún sueco de la Comunidad Europea…

—*I am sorry baby*— Les dirá el oficial que los reciba en la *Embassy…* A producir maíz y frijoles a Lepaguare… ¡Carajo! *¡Lincoln Coleman VIVE!*

Mauricio Babilonia.

Fabela del Juanalainez. Real Villa de Teguzgalpa y Heredia.

Don Adán Elvir. 10 de junio de 2019

Le agradecería me las publique en la columna Tribuna del pueblo". Atentamente. Mauricio Babilonia.

Publicado en Tribuna del Pueblo el 11 de junio de 2019

Biósfera de transgresión femenina...,
no tan *PINK*

Según la USAID, en Honduras existen 36 MIL MAREROS (*InSight Crime*, 2015) y cada uno de ellos tiene una madre (y percibamos el problema sin enfebrecernos con las cifras). Es así que, si tomamos únicamente el involucramiento del parentesco femenino en este colectivo delincuencial, además de la mamá cada marero tiene dos hermanas (familia típica, INE Honduras), dos tías y una madrina que lo visitan, 4 primas hermanas y alguna compañera e hija y las dos vecinas más cercanas con las que se cotorrea a diario (sin contar las amiguitas y cómplices). Entonces, en Honduras podría existir la escandalosa cifra de más de 400 mil mujeres mayores de 15 años que están relacionadas familiarmente con los sanguinarios mareros y que, además de coexistir con sus crímenes, muchas subsisten usufructuando el producto de las fechorías, así como aceptándolas, colaborando y encubriéndolas.

Tan solo son cifras —dirá el más taimado—, pero son cifras socialmente indignantes, cifras de sangre, que contabilizan un montaje delincuencial de mafufos, sicarios, casas locas, raptos, asaltos, encostalados, violaciones, trafico, chantaje, extorsión, amenazas, secuestros, drogas, vagancia, fraude, reclutamientos, subcultura, meretricio, sortilegios, engaños, armas, abuso, y perore perore de delitos e inmoralidad.

400 mil mujeres cómplices significan cerca del 9% del total de la población femenina nacional y algo así como si todas las mujeres de entre 15 y 50 años de los departamentos de Cortes y FM estuvieran liadas con ese mundo canallesco.

La maldición marera domina ya el transporte, las calles, pulperías, mercados, inchadas, el comercio, alcaldías, taxis, a políticos, jueces, fiscales y a la policía, abogados, banqueros, cárceles, carteles, sindicatos, mercados, universidades, barrios y colonias, pymes, y a algunos partidos políticos. La producción y el orden público. Y no vale el argumento de que son fruto de la pobreza o la marginación, ni de las malignas bananeras, ni del imperialismo ni de la Conquista ni de Subirana. Ni del *estatu quo*.

¿De cuándo y dónde fue que fracasó la sociedad hondureña? Quizás no hay respuesta, pero por seguro que llegó por la decadencia ética de la institución familiar como tal y el ocio urbano, creándose una sociedad improductiva de machistas holgazanes y maternidades solteras que perpetran errores morales desde su cuna. Es la naturaleza propia de la mayoría, del sujeto vernáculo amoldado al esfuerzo mínimo y a la riqueza súbita, generación tras generación de mediocridad, en una trama educativa, social, política, moral o religiosa de matiz grisáceo; un caldo juco en que ricos y pobres, urbanos o rurales, burgueses y proletarios, laicos y convencidos, candidatos y votantes, son mareros virtuales, o como diría el brasileño de la macy's: "perversos a cielo abierto"

¿Y qué hacer? Pues ojala estemos aún a tiempo de aprobar el TOEFL y apuntarnos con la primera caravana hacia el "american dream"…

Mauricio Babilonia.

Favela del Juanalainez. Ficucigalpa.

Don Adán. 20 de mayo de 2019

Un saludo. Le acomodo un artículo sobre cierto tipo de cifras de impacto social de las que nadie habla y están por ahí. Le agradecería me las publique en la columna Tribuna del pueblo". Mauricio Babilonia. Tropicodecancer2000@ hotmail.com

Madres catrachas…, no tan *PINK*

(Redacción que no fue publicada)

Según la USDA, en Honduras existen 35 MIL MAREROS y cada uno de ellos tiene una madre (y percibamos el problema sin enfebrecernos con las cifras). Es así que, si tomamos únicamente el involucramiento del parentesco femenino en este colectivo, además de la mamá cada marero tiene dos hermanas (familia típica, INE Honduras), dos tías y una madrina que lo visitan, 4 primas hermanas y alguna compañera e hija y las dos vecinas más cercanas con las que se cotorrea a diario (sin contar las amiguitas y cómplices). Entonces, en Honduras podría existir la escandalosa cifra de más de 400 mil mujeres mayores de 15 años que están relacionadas familiarmente con los sanguinarios mareros y que, además de coexistir con sus crímenes, muchas subsisten usufructuando el producto de las fechorías, así como aceptándolas y encubriéndolas.

Tan solo son cifras —dirá el más taimado—, pero son cifras socialmente indignantes, cifras de sangre, que contabilizan un montaje delincuencial de mafufos, sicarios, casas locas, raptos, asaltos, encostalados, violaciones, trafico, chantaje, extorsión, amenazas, secuestros, drogas, vagancia, fraude, reclutamientos, subcultura, meretricio, sortilegios, engaños, armas, abuso, y perore perore de delitos e inmoralidad.

400 mil mujeres cómplices significan cerca del 9% del total de la población femenina nacional y algo así como si todas las mujeres de entre 15 y 50 años de los departamentos de Cortes y FM estuvieran liadas con ese mundo canallesco.

La maldición marera domina ya el transporte, las calles, pulperías, mercados, hinchada el comercio, alcaldías, taxis, a políticos, jueces, fiscales y a la policía, abogados, banqueros, cárceles, carteles, sindicatos, mercados, universidades y a algunos partidos políticos. La producción y el orden público. Y no vale el argumento de que son fruto de la pobreza o la marginación, ni de las malignas bananeras, ni del imperialismo ni de la Conquista ni de Subirana. Ni del *estatu quo*.

¿De cuándo y dónde fue que fracasó la sociedad hondureña? Quizás no hay respuesta, pero por seguro que llegó por la decadencia ética de la institución familiar como tal y el ocio urbano, creándose una sociedad improductiva de machistas holgazanes y maternidades solteras que perpetran errores morales desde su cuna. Es la naturaleza propia de la mayoría, del sujeto vernáculo amoldado al esfuerzo mínimo y a la riqueza súbita, generación tras generación de mediocridad, en una trama educativa, social, política, moral o religiosa de matiz grisáceo; un caldo juco en que ricos y pobres, urbanos o rurales, burgueses y proletarios, laicos y convencidos, candidatos y votantes, son mareros virtuales, o como diría el brasileño de la macy's: "bellacos a cielo abierto"

¿Y qué hacer? Pues ojala estemos aún a tiempo de aprobar el TOEFL y apuntarnos con la primera caravana…

Mauricio Babilonia. *Favela del Juanalainez. Ficusigalpa.*

Don Adán.
Diario La Tribuna, Tegucigalpa. 5 de febrero de 2019

Un gran saludo. Le remito alguna inventiva sobre los comentarios internacionales de geopolítica y Guerra Fría II del momento, involucrando por supuesto un comino de nuestra realidad. Le agradecería si lo publican en la sección Tribuna del Pueblo. Atentamente.

Publicado en Tribuna del Pueblo el 15 de febrero de 2019

GUANTANAMO.
PARA EXPRESIDENTES LATINOAMERICANOS

Según la nueva pensada de *Mr. Bolton*, asesor de seguridad de los USA y Gran Maestre de los *WASP*, la ex base naval gringa de Guantánamo en "*la isla*" (de donde Obama liberó a los terroristas musulmanes del 11S), podría ahora albergar a expresidentes corruptos latinoamericanos caídos del poder, particularmente ñangarillos y populacheros. Un último destino turístico cuyas instalaciones pasarían repletas de políticos emperifollados.

A ver, el primer piso completo lo ocuparían los chavistas de Siglo XXI: Maduro, Padrino, Yerbabuena, Diosdado, Apolonia y Borondongo y otros malcriados malcaidos de ese régimen infausto quienes inaugurarían el local con bombos y platillos. Para México hay dos habitaciones. Perú, por su parte, requeriría de una suite familiar con *sushi-bar* y otra matrimonial, además de varias individuales según el número de presidentes que han tenido desde los militares del 70 (el criollo García, PPK, el cholo Toledo, el indio Humala, etc.) y, al final del pasillo, lejana de la primera alcoba, una de tercera clase para el "*Presidente Gonzalo*" del Sendero Luminoso.

Ellos, esposas, hijos, hermanos y amigos colmarían Guantánamo. Colombia llenaría sus reservaciones *tres estrella*s con los FARC, El Salvador con Fúnez, Saca y otros del Morazanista, Guatemala con los invitados de la CICIG con todos los gastos pagados por la ONU, Honduras —país de providencias— requeriría de un *bungaló* multifamiliar y de dos suites familiares por adelantado, algunas habitaciones *kosher* y toda la sección de cabañas reservadas por la OEA para alojar a los del "*arca abierta*", del IHSS y otras *arcas* por venir. Honduras también podría organizar entre los presidiarios del hotel "*Guantánamo*" un equipo de futbol para competir contra los equipos de africanos y del Este europeo que van por el mismo camino.

El hotel se completaría con los familiares de la Bachelet, el bungaló del clan Kirchner, Lula Da Silva y su correligionaria, el bocón de Corea vendría desde Bruselas a asolearse, el nieto de Fidel, Martinelli de Panamá y otros en investigación, más los clientes de la empresa *Odebrecht*.

Tarde la iniciativa, lástima, porque se salvaron muchos tiranos, dictadores, milicos y otros políticos bribones que abusaron abiertamente de estos latinoamericanos zonzos antes de vivirse las eras de poder de *Poncio Trump*…

Guantanamera, guajira guantanamera…// Yo soy un hombre sincero…

Mauricio Babilonia.

Desde la favela del Cerro Juanalainez. En el MMXIX año del Señor.

Año 2018

Toma posesión Juan Orlando Hernández como Presidente reelecto.

Tribuna
DEL PUEBLO

Tribuna
DEL PUEBLO

Igor y la emboscada siglo XXI

Mauricio Babilonia
Cero Juárez Juárez, Tamaulipas

Un millón de empleos en México: ¿Qué esperamos?

Mauricio Babilonia
Cero Juárez Juárez
Chiapas/Riviera

40

Don Adán Elvir.

La Tribuna. Diciembre de 2018

Un cumplido a La Tribuna. Antes de que termine esta fiebre de caravanas le envío un comentario geopolítico y sarcástico sobre el tema migrante (370 palabras). Le agradecería lo publiquen en Tribuna del Pueblo. Saludos.

Mauricio Babilonia. tropicodecancer2000@hotmail.com

Publicado en Tribuna del Pueblo el 17 de noviembre de 2018

Un millón de empleos en México: ¿qué esperamos?

Se imaginan un millón de hondureños empleados de un solo plumazo. En "Norte América". Tomémosles la palabra antes de que brote la xenofobia patriotera en los desempleados aztecas…, porque si López Obrador ofrece UN MILLON de chambas en su verborrea izquierdista deberá de dar también VISA para sus cónyuges y, entonces, a dos hijos por familia, se encarabanarían CUATRO millones de paisanos-as-itos de un sólo tirón para *Tecún-Umán*… —VIVA el socialismo mexicano—. O sea, que los hondureños que NO migremos quedaríamos la mitad más uno (como quedó JOH), repercutiendo en que todos estaríamos empleados y las viviendas sobrarían, contaríamos con energía suficiente, agua en abundancia, algunos medicamentos, maíz barato y frijoles tiernos, camas en los hospitales, escuelas sin goteras, impuestos a la mitad, menos colas y aglomeraciones…

Despacharíamos hacia el Virreinato a los sin oficio, mareros, taxistas y buseros, lo que queda de campesinos sin reforma, a los activistas políticos y candidatos fracasados a diputados, a los MEU, FRU y guanabis de la U, a la mitad menos uno de resistentes y opositores, policías depurados, poetas, motociclistas, ambulantes, tísicos, proscritos, ONGs, extrovertidos, chucos y pachucos, antes de que AMLO recuerde el golpe bajo que le hizo Fidel al cándido de Carter con los benditos marielitos. Armemos "La madre de todas las caravanas", en grupitos de a MIL diarios durante los TRES años que le restan al reelegido y ponemos refugios y cantinas y comederos y pupuseras a lo largo de la línea de salida hasta el Amatillo, Agua Caliente, el Florido, Corinto y El Poy. Declaramos con el PNUD el "año del migrante" y decretamos un feriadón migra-turístico y Papi pondrá a la orden un bazar más de carpas y parlantes y bengalas en el Juanalainez y si faltan Lencas completamos el MILLON con otra romería de chavos desde los USA, trayéndonos cuesta abajo a la Sierra Tarahumara a los TPSianos, pandilleros (13, 18 y paisas), *workers*, asilados, millenials, mojados y tantos parientes indocumentados que extradite la "migra" de míster Trump y los WASP de aquel país, pero hagámoslo rápido antes de que se nos adelanten los salvadoreños y chapines o ecuatorianos y venezolanos que igualmente son un mar de lágrimas como nosotros.

A comer mole y chilaquiles se ha dicho…

Mauricio Babilonia.

Cerro Juanalainez.

Don Adán.

Un saludo. Setiembre 11, 2018 (mala fecha)

Le adjunto algo sobre el color azul de la bandera, que está de moda en estos días patrios. Para Tribuna del Pueblo. Muchas gracias.

Mauricio Babilonia.

tropicodecancer2000@hotmail.com

Publicado en Tribuna del Pueblo el 21 de septiembre 2018

Verde que te quiero azul...

La diputada rojo-negro pide para la bandera un nuevo tono: "azul-maya", el azul indefinido de un pigmento orgánico que a veces tira a turquesa y otras tantas pinta a verdoso. A bilioso, como su bancada. Propongo que lleve su propuesta al Dialogo Vinculante, a la Mesa 5, adonde habrá algunos otros verde-olivo...

Tanto el cielo como el mar, tan masivos, hacen del color azul un tono muy variado y empalagoso: llámenlo añil, azur, marino, *steel*, cerúleo, *midnight*, glasto, índigo, lapislázuli, rey, eléctrico, garzo, Francia, Prusia, azulino, celeste, arco, ultramarino, turquí, turquesa y otros más, además de orgánico, mineral y climatológico, pero jamás purpureo ni verdoso.

El llamado azul en nuestro medio es un color políticamente complejo, a saber: El azul ONU del "Dialogo" es azul-*burundanga*, que nos hace delirar en lo que jamás va a ser cierto, azul-gatopardo diría el poeta. El *azur* es heráldico, es señorío, riqueza, autoritarismo y monarquía. Con el azul-APROH, años hace, cuando Oswaldo el *Magnífico* matizó su facción ultraderechista con azul-amarillo, el primero por conservador y el amarillo lo tomó del logo "negro-amarillo" con el cual "mi General" Álvarez gravó unas ruedas esvásticas en las puertas de los camiones del 3-16, con los que desaparecían a los desaparecidos que nunca desaparecieron, en tiempos de la "Seguridad Nacional", combinación que fuera pintada en los postes capitalinos por el Alcalde Castellanos (RIP y no QDDG).

También hubo un "azul-melón", del dulzón alcalde-designado del No-TRANS 480; un "azul-*blujean*" reelectoral de JOH, sin poder negar que hayamos tenido encima el "azul-estrellado" imperio de la bandera gringa, el azul desteñido de los "corbatas-azules" de la ONU y el "azul-cielo" del manto azulado de la Virgen María de los *Opus Dei* (aunque se vistan de *pink*).

Igual el azul-berenjena de la Democracia Cristiana cuando venden su bancada por un contrato con la ENEE o el azul-naranja del PINU para pasarla requetebién.

Aunque azul, en el Círculo cromático RGB, es uno sólo (0, 0, 255).

Mauricio Babilonia.

Cerro Juanalainez (lo que queda). Real Minas de Teguzgalpa.

Don Adán. Agosto 13 de 2018

Un placer saludarle. Le adjunto un comentario político sobre el mentado Diálogo de la ONU, agradeciéndole anticipadamente su publicación en Tribuna del Pueblo. Atentamente.

Mauricio Babilonia.

Publicado en Tribuna del Pueblo el 21 de agosto de 2018

Igor y la emboscada siglo XXI

Un dialogo para atrás. Un dialogo oficial entre promotores de una "guerra civil", patanes insurrectos, continuistas y ñangaras vernáculos. Un dialogo con ciudadanos peregrinos de credos fracasados que no tienen partido ni ideología ni familia ni edad ni facciones propias; chamberos sin bandera, ni moral ni etnia... Ni conciencia de clase. Dirigido por socabadores de izquierda, ladinos y demás seres raros que trae la mar a nuestras playas.

La insistencia del chileno socialista don Igor es descifrable porque Naciones Unidas está politizada, ahora peor con la comandante Bachelet en la ACNUDH y la evidente oficiosidad del nuevo gobierno socialista peninsular, cuando súbitamente el variopinto embajador de España anda poniendo su mejía en un concierto político ajeno y ofreciendo un mediador. Si calladitos se veían más bonitos.

Lo extraño es que en sus países, en sus sociedades y penínsulas, estos peritos llevan décadas sin dialogar. Los unos y los otros son oriundos de naciones de caudillos y guerras civiles en donde jamás han tenido plática alguna, ni ha existido ni existirá paz entre indios y vaqueros ni entre celtíberos y mediterráneos, ni burgueses y proletarios, ni negros y blancos, y se acercan ahora a asistir a *"estas honduras"* en una perorata para atrás, preelectorera y precolombina, dirigida y mediada por lobos con piel de oveja y lindos salarios para protagonizar a vagos y saltimbanquis. De nuevo las mentes XXI del ALBA y de *Odebrech*, de la ONU y la OEA, que cuando pudieron han causado gran daño a Honduras con su ensañamiento a raíz de nuestro insólito golpe partidarista del 2009.

Y pretenderán que este diálogo de patizambos entre tentempiés y aire acondicionado se convierta en ley y que los *cachos* bajen la testuz y entreguen la guayaba, y Luis resucite, y que se reasignen las bandas presidenciales y que vengan las quintas urnas y las quintas columnas y que Cartagena nos proteja del chirriar de las carretillas repletas de billetes y que en su holocausto aparezca Garzón a juzgar a Micheletti..., y se prohíban los *drones* y los *yanquis go home*...

No perdamos la inocencia. De ese diálogo solamente resultaran llantas quemadas. Sera toda una vitrina provocada por la ONU para relucir nuestra barbarie en las pantallas de CNN y las redes sociales hasta que tengamos el primer muerto. Luego dos y al rato doce... Y luego, Igor y sus mediadores y la ONU tendrán nuevos contratos y se irán a otros países más africanos a sembrar más diálogos y mojigaterías.

Se me olvidaba recordarles que, en otro orden de cosas —para Hollywood—, un tal "*Igor o Ygor*" era el asistente jorobado del afamado Dr. Víctor Frankenstein. Un personaje fílmico mentalmente insano que se las ingenió para trasplantar el cerebro de un criminal en el engendro que su amo reviviría galvánicamente, haciendo que todo terminara de forma funesta...

Honduras de mis amores...

Mauricio Babilonia. *Cerro Juanalainez, Teguzgalpa.*

Nota del periódico.
Respuesta: Don Adán. Buenas tardes. Le agradezco su pregunta.

No se arremete contra él. Igor es casi solamente una circunstancia política ajena a nosotros. Garefulic no puede actuar diferente, es un socialista redimido ex burócrata de la Sra. Bachelet cuando ella presidio Chile y en mi parecer no actúa de buena fe, sino que su intención es el protagonismo conspirativo, como son los socialistas sudamericanos. Evidentemente a él le gusta dar la cara. Más me enfoco en la politización de la ONU y sus intervenciones para actualizar los tópicos de conflicto del año pasado —superficialmente ya superados— y volver a los mismos discursos agresivos y salir a las calles.

Igor Garefulic es tan solo el pivote tal como su paisano Insulsa fue en su momento.

En el último párrafo miento a otro *Ygor* más fantasioso y peliculero para novelar un poco mi comentario. Es una casualidad. Un bonito parangón con Frankenstein. De qué pasaría si nuestro Igor ONU da vida con su dialogo al conflicto político electorero y le trasplanta una mente criminal al espantajo, como hizo el *Ygor* de la novela de terror, resucitando así la violencia y el descontrol en la comunidad…, como ocurrió en la película…

De los otros actores del diálogo me refiero a ellos en el primer párrafo y ya no hay más que hablar. Atentamente.

Mauricio Babilonia.

Don Adán

Julio 6 de 2018

Por favor, aprovechando el momento cultural le solicito me publique en comentario sobre la RAE/AHL en la Tribuna del Pueblo.

Gracias.

Mauricio Babilonia.

Tropicodecancer2000@hotmail.com

Publicado en Tribuna del Pueblo el 9 de junio de 2018

RAE/AHL POR FIN, LA CULTURA...

Por fin, un gobierno culturalmente parco, da algunos pinitos culturales al vitalizar la abandonada Dirección de Cultura y por recibir merecidamente al director de la Real Academia Española RAE.

Don Darío Villanueva es un personaje monárquico y no político, representante del idioma español de la Madre Patria. Director de la RAE y ASALE y visita estas tierras invitado por la Academia Hondureña de la Lengua AHL, al tenor de la celebración de los 70 años de fundación de esta benemérita institución.

Villanueva es un eterno filólogo. Estudiante, catedrático y practicante acérrimo de la lingüística y la alquimia de las palabras y ha vivido su vida enredado en ese ambiente y desenredándonos a nosotros, los hispanohablantes.

A pesar de que es el último país que visita cuando debió de haber sido el primero, porque fue el principal contacto continental adonde piso don Cristoforo trayéndonos su astrolabio, la cruz y la espada y nadie lo recibió, a don Darío lo recibimos como un superhéroe porque nos trae un diccionario con 90 mil entradas y acepciones cuando aquí, los más locuaces quizás únicamente adoptemos 1000 para sobrevivir. En cuestión de tres días de repartición de sonrisas, apretones, conferencias, discursos, conceptos y atenciones en "estas honduras" lo llenaran de merecimientos cívicos por habernos remitido el idioma de Cervantes a su tiempo, a saber:

-La UNAH le otorgara en Copán —frente a la estela de "Dieciocho Conejo" (con traducción simultánea chortí-español)—, un Doctorado Honoris Causa.

-La alcaldía de Copán Ruinas lo declarara visitante distinguido entregándole las Llaves de la Ciudad.

-La UPNFM le conferirá un Doctorado Honoris Causa.

-El Poder Ejecutivo (el reelegido), le honrara con la Orden Civil José Cecilio del Valle en el grado de Gran Cruz Placa de Plata.

-El Alcalde de la Real Villa de San Miguel de Teguzgalpa y Heredia le ofrecerá las "Llaves de la Ciudad" y declarara "Ciudadano Distinguido"

-La Academia Hondureña de la Lengua (AHL) lo integrara a su cuerpo como "socio correspondiente" de la AHL.

-Además del tratamiento "vip" (término de la RAE) dado a su persona por intelectuales, funcionarios y amigos durante dure su instancia en el país.

Un recibimiento intensamente inusual, jamás concedido a Pontífice alguno, ni a emperadores, ni héroes, ni científicos, políticos, artistas, Reyes ni Príncipes, tiranos, burgomaestres, Nobel, Generalísimos, procónsules, literatos ni mujeres lindas…, que nos haya visitado desde que las aves de negro plumaje se perdieran fugazmente. Enhorabuena.

Ya aparecerá, ¡válgame Dios!, la ley de Murphy, cuando uno de esos personajes cultos en resistencia le responda a una disertación del director de la RAE con la salutaXion de: "todos y todas…"

Mauricio Babilonia.

Cerro Juanalainez. Teguzgalpa y Heredia.

Don Adán.
Un saludo sincero. 12 de abril de 2018
Me atrevo a hacer una ligera critica al proceso de dialogo o pre dialogo (o no dialogo), particularmente en contra de la intervención de aventureros en los asuntos del país. Le agradecería lo publiquen en la columna <u>Tribuna del Pueblo</u>.
Atentamente.

Mauricio Babilonia.

Publicado en Tribuna del Pueblo el 19 de abril de 2018

Cuidado con el tal Igor...

Por lo visto, un ciudadano extranjero citado como Igor Garafulic ha saltado al protagonismo político en esta desvencijada nación y opina más, y de más, de los dolores del pasado parto electoral. Don Igor es chileno y representante de las Naciones Unidas, dos méritos no muy digeridos en nuestro devenir político secular cuando recordamos que doña Bachelet condenó a Honduras recibiendo al destituido Zelaya como Presidente (en pijama) y, asimismo, la fatídica y nociva actuación contra el país de parte de Miguel Insulza (Pen... de la P a la O...) después del golpe de Micheletti, cuando tanto la OEA como la ONU complotaron para *"venezolanizarnos"* y aislarnos del continente, al parcializarse con los socialistas Siglo XXI, los unos por petrodólares y los demás por ideología.

Pues hoy pasa lo mismo. Resulta que don Garafulic, quien políticamente es miembro de agrupaciones de izquierda en su país, llamadas democráticas y progresistas, cojea al insistir que se escuche a los plañideros de la oposición (la mitad menos uno), en traer a Mojica y en pretender ser el dominicano fray Martin de Porres que aúne alrededor de un pocillo de leche a los animalitos silvestres del establo político nacional. Y por seguro, terminara pidiendo nuevas elecciones o una Quinta Urna para los mellizos Zelaya o una media banda para su medio paisano y gran perdedor de la escaramuza del 2017.

Cuidado con don Igor —insisto—, atájenlo diplomáticamente a tiempo, que a los políticos sudamericanos incrustados en los organismos internacionales el calor del Caribe los vuelve arrogantes, imperiosos y redentores; si no, vean al tal Jiménez Mayor y los *tuits* de Almagro, tan exhibicionistas y protagónicos que después demandan que se les denomine para el Novel de la paz.

Ojo al PNUD, que para ñangaras los tira a la garduña.

Mauricio Babilonia.

Cerro Juanalainez. Ficusigalpa, Fonduras.

Don Adán.

12 de marzo de 2018

Lo encontré hace unos días en la reunión de la AHL/
UPNFM disfrutando de las conferencias sobre Roa Bastos y
sus dictadores suramericanos. Pues ahora le mando un pequeño artículo sobre otro suramericano ladino por si llego a tiempo, y para Tribuna del Pueblo. Gracias.

Mauricio Babilonia.

Tropicodecancer2000@hotmail.com

Publicado en Tribuna del Pueblo el 20 de marzo de 2018

José Mujica nooooooo….!!!!!!

El ex presidente Mujica de Uruguay no es lo que parece ni lo que creemos, ni lo que su triste figura nos muestra: Mujica asesinó (con acento) a varios burócratas calificados de "*imperialistas*" en una "*casa loca*" de Montevideo cuando actuó como esbirro de los "*tupamaros*". Los raptó al salir de sus oficinas, los ocultó, interrogó, torturó y cobró recompensa por sus vidas. Luego de pagar sus familias estos fueron asesinados encapuchados y sus cadáveres abandonados en la cuneta de una carretera rural y los hijos de las victimas aún viven. Mujica fue investigado por crímenes, robos y atropellos y capturado por las autoridades uruguayas, luego procesado y sentenciado a una larga condena de la cual fue liberado por la clásica presión estúpida exigida por algún país europeo propugnador de las amnistías políticas.

A pesar de ser ciudadano del país más culto de América, Mujica fue el único de los tupamaros que no obtuvo un título universitario. Como campesino fracasado, de joven emigró a la ciudad y no se le conoce oficio. En su vida no logró formar familia ni tuvo progenie ni casa ni pudo cambiar de vehículo. En su madurez fue ciclista, zángano y tuvo que hacerlas de sicario, terrorista, presidiario, activista político izquierdista y, según las coyunturas de su sociedad, llegó a ser Presidente populista de la república en donde liberó la mariguana, importó terroristas musulmanes de Guantánamo, compró computadoras a los alumnos y facilito el matrimonio gay. No más.

El socialismo Siglo XXI nos trató de vender su imagen disfrazándolo de pobre viejo, hombre "cabal" y filántropo porque era el único Presidente de los populistas que no tenía cara de facineroso. Por su misma ramplonería a todos pareció un abuelo correcto si no le hurgáramos el negro pasado que lo descalifica para moderar en Honduras un cardinal proceso de dialogo nacional.

Mauricio Babilonia.

Barriada del Cerro Juanalainez. Teguzgalpa.

Don Adán.

La Tribuna. 29/enero/2018

¿Como esta? Un saludo gentil extensivo a sus compañeros de labores.

Le agradecería que me publicase el artículo sobre los liberales que adjunto en la columna Tribuna del Pueblo (320 palabras). Atentamente;

Mauricio Babilonia. tropicodecancer2000@hotmail.com

Publicado en Tribuna del Pueblo el 31 de enero de 2018

¡AY, DON LUIS!

No vio las señales Don Luis. Los liberales no querían tratos con Mel que ya les había hecho mucho daño. Ni con su saltimbanqui Don Luis. Y usted no debió haber salido JAMAS al día siguiente en la pantalla con Nasralla, secándose las lágrimas con el mismo pañuelo, y los show en los días siguientes, porque agarró sufridos a los cheles y más hurgo la herida, y ahora arrastra en su rodada a Don Mauricio que era la esperanza rosa, y a Quiquito que ganas le sobraban por irse y a Martel que no le sobra nada.

¡Pilas Don Luis! Entiéndalo, en su Universidad repelen la política, no se estudia, y como no la entiende no vio las señales tan claras. El pleito no son los pétreos Don Luis. El conflicto que nos envuelve ya no es más un palenque entre Cachos patas chorreadas y los Cheles águila real, ni es Honestidad versus Corrupción, sino, la lucha actual es de nuevo los de Izquierda contra los de Derecha, es la II Guerra Fría Mundial: rusos, chinos y musulmanes contra cristianos capitalistas y Honduras es el traspatio de este relajo en Centroamérica. Usted hubiera pedido el Congreso Nacional para su partido a los de su mimo lado ideológico antes de la carrera Don Luis —conciencia de clase se llama eso—, y no venir ahora cabizbajo y desteñido pidiendo lo que no ganó, que hasta los malos se rieron de usted. Antes del 26 le faltó cabalgar su campaña junto a Flores,

Gabriela, Micheletti, Bueso, Santos y otros duros troyanos colorados que siempre mantienen fortaleza política, pero sus pecados capitales (convicciones dice usted) lo obnubilaron he hizo lo imperdonable: pactos bajo la mesa con el mero Satanás y su marioneta, por lo que los duros no le confiaron el voto. Ahora, cuesta abajo, estos demonios lo involucran en sus discursos como colaborador porque ya le están pidiendo el alma.

Mauricio Babilonia.

Cerro Juanalainez. San Miguel de Heredia.

Don Adán Elvir.
Para Tribuna del Pueblo. Gracias.
9 de enero 2018
Publicado en Tribuna del Pueblo el 16 de enero de 2018

PRESIDENTE VIRGEN DE AMÉRICA

"Presidente virgen de América" fue una agudeza de irónica tolerancia con la cual se designó al político peruano Víctor Raúl Haya de la Torre (1885-1979), por candidatear tantas veces a la presidencia del Perú y no haberla obtenido. Haya de la Torre, intelectual, orador vigoroso y profundo, notable anti-imperialista y fundador de la Alianza Popular Revolucionaria Americana APRA tuvo que tolerar su castidad presidencial precisamente a causa de su radicalismo marxista, que le origino persecuciones, destierros, asilo, encierros, ardides y golpes de estado provocados para impedir su ascenso al poder. Fue un Allende frustrado.

En nuestro derredor ocurren desengaños similares: Dona Hilaria Clinton en el norte, quien perdió la Casa Blanca con mayoría de votos, de la que ya fue ama de casa una vez. López Obrador, al sur del muro, que al perder por un cachito instaló su Palacio Nacional en una carpa en el Paseo de la Reforma. El Novel Vargas Llosa, que encandilado por la vanidad ya contaba con su traje de toma de posesión confeccionado en Paris y aún lo guarda en una bolsa plástica. Puigdemont, en el levante catalán, quien será investido en prisión. Hubo el caso de un presidente momificado que traspasó el mando atiborrado de formalina y, por acá, también le tocó al "Caudillo" del liberalismo quien no llegó a la presidencia porque anunció

que colgaría de los pinos del país a todos los verde oliva que se encontrara y, en su segunda oportunidad, se le terminó el hilo de la rueca.

Y ahora, Sancho amigo, cosas veredes en "estas honduras "que faran hablar las piedras: en unos días tendremos otro "presidente virgen", cuando Nasralla Salum tome posesión en el Campo de La Isla y se instale hasta el primer aguacero en una champa en el Cerro Juanalainez, con una banda presidencial prestada, desde donde lanzara su primer Decreto Presidencial (X0-001-18) condenando al imperialismo que lo mantiene célibe por dos veces y declarándose Putinista, Opus deísta, Bolivarianita…, y aprobando el matrimonio GLBTQIA, el aborto, la mariguana, quemar los Marriot y que en la UNAH los muchachitos pasen los exámenes con nota del 50%...

Y Morazán vigila…

Mauricio Babilonia.

La Isla. Rio Chiquito. Torre II.

Año 2017

Tribuna
DEL PUEBLO

Requiescat para un patriarca

Tribuna
DEL PUEBLO

Guaraguao Go Home...

Don Adán.
Diario La Tribuna. 22 de diciembre 2017
Por si hubiese duda sobre la banda presidencial entre la muy culta población le envío unos comentarios para Tribuna del Pueblo.
Gracias.

Mauricio Babilonia.

Publicado en Tribuna del Pueblo el 29 de diciembre de 2017

QUIEN POSEE LA BANDA PRESIDENCIAL
ES EL PRESIDENTE

En Honduras, la *Banda Presidencial* es un símbolo de autoridad y continuidad presidencial que identifica y empodera al Presidente del país. Un Rey se unge con la *Corona* del reino, el Papa se entroniza con su *Anillo de Pescador*, un Alcalde manda con su *Cetro*, el Comandante ordena con el *Bastón de Mando* y, para una Madrina de feria, basta su *Diadema* para ser la más linda del lugar. Cuando se le inviste al Presidente de Honduras se le coloca la *Banda Presidencial* y cuando cesa en su mandato la traspasa al siguiente gobernante...

¡Cómo no Chón...! Porque HOY contamos con cinco Bandas Presidenciales en plena función y sin traspasar. Una de ellas es la del Comandante Charrasqueado (le llaman Comandante Sombrero en sur américa), quien dice que a él lo despacharon en pijama pero que su banda quedó bajo la almohada, que aún la conserva escondidita y espera que lo llamen para usarla, que las otras son espurias. El otro poseedor es el actual mandatario apodado "*Joh*", quien ya tiene una "banda pétrea" y al suave se va a poner una segunda banda pero "liquida", aunque ojala no pretenda hacer la colección corrida... Don Maviber aún posee la de su papá, quizás guardada para después, porque López lo exiló sin ganársela ni pedírsela y Pajarito se la heredó a sus hijos... Y ahora resulta que Don *Chava Ibn Nasralla Ibn Salum al-Arabí al-Nase*r *Abdelmel*, quien desoye a todo mundo, dice que un sujeto llamado Almagro le ofreció una banda allá en Washington, una de las dos bandas que le había robado un tal Mata-moros Doble-uve, para que presida su nuevo Califato Blanco anti-Alibabas...

Las cosas se complican en estas honduras.

Mauricio Babilonia.

Cerro Juanalainez, Teguzgalpa.

Don Adán.

Un gran saludo. Noviembre 2017

De nuevo activo, le envío algún comentario sobre un tema del momento para Tribuna del Pueblo. Gracias.

Mauricio Babilonia.

tropicodecancer2000@hotmail.com

Publicado en Tribuna del Pueblo el 24 de noviembre de 2017

GUARAGUAO, *GO HOME...*

Los Guaraguao, rancio grupo musical venezolano de protesta de los años setentas, se entusiasmaron y se equivocaron de época, de línea y de lugar. Como un obsequio musical del Comandante Llanero al Comandante Sombrero, dos comandantes bigotes, gran chiste histórico, golpistas de urnas, los mandaron sobre sus pasos a cantar a su Sur bolivariano.

Guaraguao es el nombre de algún ave rapaz o carroñera en el Caribe. Por su nostálgica presencia en la música protesta de compositores panfletistas, cantando en su momento las desventuras de los cinturones de miseria de las urbes latinoamericanas, el actual y vitalicio gobierno venezolano suele enviarlos en los últimos años a amenizar a los movimientos de izquierda en el mundo del ALBA. Como comisionados "culturales", vinieron hace poco a amenizar el paro anticultural de los encapuchados de la UNAH... Cultura izquierdista del Siglo XXI.

En su melodía "Gaita Margariteña" cantan (y no a la ciudad):
Voy Camino de mi tierra atravesando llanuras,
Voy Camino de la sierra contemplando la hermosura...//
Voy Camino de mi tierra y la eufórica alegría
Se me va tornando triste al mirar la gente mía...//
Voy Camino de mi tierra y mil veces me pregunto
¿Por qué una patria tan rica tiene tanto pobre junto?...

Así pues, después de tantos años de irrespeto de parte del gobierno venezolano hacia los hondureños, la oficina de inmigración de JOH los mandó de vuelta, GO HOME, a cantar a su país porque ahora allá hay más pobres que aquí...

Mauricio Babilonia.

Cerro Juanalainez (ya poblado). Teguzgalpa y Heredia.

Don Adán. 19 de julio de 2017

Un placer saludarlo. Le adjunto un artículo sobre el problema universitario para su publicación en la columna Tribuna del Pueblo (412 palabras).

Agradezco su gentileza.

Mauricio Babilonia.

Publicado en Tribuna del Pueblo el 19 de julio de 2017

BICENTENARIO Y UNIVERSIDAD: PROMOCIÓN DE NANCEROS

"Nanceros", de nancear, es un hondureñismo que significa "perder el tiempo", sería probablemente el término coloquial que usaría el Presidente de la República para referirse a los estudiantes universitarios protestones de la UNAH ("barzones" sugeriría la RAE).

Y con toda la razón. Justo a cuatro años del 2021, cuando se cumple el Bicentenario de la Independencia Nacional, se estaría graduando la actual caterva de estudiantes de la UNAH –aquellos que aprueben con 60%–, quienes serán los que asuman el quehacer PROFESIONAL que demande el país en el futuro cercano: la promoción Nanceros.

Estos serán los profesionales de la "generación Milenio" en estas honduras –nacidos después de 1995–, en tiempos del Mitch, que hubieron de cursar una educación PRIMARIA en escuelas constreñidas, sin techo ni inodoros ni pedagogos, graduándose sin habilidades en ortografía ni aritmética.

Luego, al continuar su SECUNDARIA, que también fue en retazos, de 90 a 120 días de clase al año de los 200 obligatorios, con profesores disminuidos, mañosos y politizados, se titularon de Bachilleres escasos de Newton, de algebra, de Baruch Espinoza, de Mendeleev y de Cervantes.

De estos cuasi bachilleres, un reducido número fueron los privilegiados que cursan en la Universidad Nacional (sin examen de admisión), en la cual cumplirán quizás con 150 créditos de los 200 obligados en las principales carreras, recibiendo clases de pie y jugando naipe en los corredores, con la calificación más baja posible como reivindicación estudiantil y a veces adulterada, "chepeada", con catedráticos ñángaras que los graduaran científica y espiritualmente incompletos, sin las suficientes clases ni lecturas ni biblioteca ni laboratorios ni disciplina ni tesis ni rigor profesional... Mach@s-omega, enmascarados y pintarrajeados..., investidos Suma cum nance, en una UNAH sin reconocimiento internacional.

Por si lo anterior fuera poco también llevan el estigma nacional, viviendo en un entorno cotidiano que coexiste con la criminalidad, en vecindarios con más billares y reggaetón que librerías; con asaltos en los buses, hijos de madres abandonadas, come churros y narcomenudeo, prisioneros de una televisión hogareña empapada de futbol y telenovelas, de drogas, alcohol y pastillas, jugando insignificancias en las redes sociales al rumor de las selvas hondureñas, en un país mezquino y desarraigado sin horizonte ni agua ni pinos ni próceres ni indignados, de carteles y bajo la influencia de una microcefalia política y sanitaria alarmantes.

Otros 100 años de *perreo*... ¡Dios salve a la Patria!

Mauricio Babilonia.

Cerro Juana Laínez (desde aquí se ve tu casa). Real de Minas de San Miguel.

Don Adán.

Señores La Tribuna. Febrero 17 de 2017

Adjunto una narración sobre un evento político-luctuoso del año recién pasado. Les agradecería si lo pudieran publicar en su columna Tribuna del Pueblo adonde por 20 años he enviado mis crónicas.

Publicado en Tribuna del Pueblo el 23 de febrero de 2017

REQUIESCAT PARA UN PATRIARCA

Don Fidel feneció en el 2016. Al fin. El abogado agonizó ya viejo en su propia cama, enfermo y triste por su sombrío desengaño. Relatan que a última hora, como era un varón que había recibido el bautizo, la eucaristía y la confirmación allá en Holguín, una vieja mujer que le atendía le proporcionó a hurtadillas los *santos óleos* por lo que, según contó ella misma, el anciano murió en completa paz.

No fue así el destino de otros personajes homónimos, a manera de ejemplo: los médicos Salvador Allende y el Che Guevara, el primero martirizado en Santiago Chile con metralleta en mano y el segundo ejecutado cuando sofocado por el asma cayó combatiendo allá en Valle Grande; ni como Don Anastasio Somoza quien fue víctima de un bazucazo escabulléndose en Asunción, o El Gadafi y Mussolini, demacrados, asesinados por una turba, o el héroe Morazán y el filibustero William Walker fusilados en un paredón de cara a sus enemigos.

También fenecieron con las botas puestas Trotsky o Hitler en su bunker, o Luis XVI y Robespierre en el cadalso, Marilyn Monroe o Elvis de sobredosis, o Túpac Amaru desmembrado en el Cuzco, o el indio Lempira que fuera complotado en Cerquín, o algunos otros torturados y ejecutados como les ocurrió a Victos Jarra y a García Lorca, o baleados a traición como al Gran Mariscal Sucre y a Rasputín, o Leónidas Trujillo emboscado en la carretera u otros tantos beligerantes de la una o de la otra línea conocidos por sus luchas doctrinarias.

El autócrata Castro Ruz murió inerte, sin guerrera ni fatiga ni empuñando un arma, enfundado en su mortaja azul marca *Nike* y con un reloj *Citizen* en el puño, los dientes amarillos de nicotina, postrado e indispuesto como Bolívar a orillas del Magdalena, crónico como Fulgencio Batista en Marbella y senil como expiró Pinochet tranquilo y sereno en su lecho rodeado de Generales y familiares, tal como se fueron de este mundo Mao Tse-Tung y Chávez que ni siquiera tuvieron fecha de muerte, o Lenin consumido por la sífilis, embalsamados los tres como a Evita Perón y rodeados de parciales como el Conde de Ordaz...

El Comandante se fue angustiado, fallándonos a todos y dejando atrás medio siglo de revolución estéril y a tres generaciones de ciudadano pobres de por vida, dando vueltas sin fin entre su muro de tiburones y la bayoneta revolucionaria, sin conocer Disney, con la única expectación que sus exóticos perfiles costeños caribeños sean atiborrados de nuevo con majestuosos hoteles, casinos y mancebías financiadas por el neocolonialismo de la era Trump.

Requiescat in pace Don Fidel.

Mauricio Babilonia.

Cerro Juanalainez. Real de Minas de San Miguel Arcángel.

Año 2016

 E64+ 8/sep/2016

Opiniones

Tribuna
DEL PUEBLO

Opiniones

Tribuna
DEL PUEBLO

Posteridad de
mach@s-omega

Mauricio Babilonia
Cerro Juanaperez

A ver Papi ¡Otro redondel!

Mauricio Babilonia
Cerro Juanaperez
Segueped con simpatia.

Sr. Director. Diario la Tribuna. Octubre 2016

Un saludo. Le adjunto una sátira política sobre un inocente tema del momento, agradeciéndole que lo publique en su columna Tribuna del Pueblo.

Mauricio Babilonia.

Tropicodecancer2000@hotmail.com

No fue publicado por el diario

La ley del "*CHINTO*"

En Honduras, estas honduras, una candidata colorada propone una legislación colorada como iniciativa feminista. Según el Diccionario de Hondureñismos (2005) publicado por los académicos de la lengua de la Calle la Fuente: *chinto* significa rojo, del *náhuatl*; o *menstruo*, ciclo menstrual de la mujer y algunos mamíferos hembras; coloquialmente "*regla*", "*periodo*" o "*luna*" y zoológicamente *menstruación*. Y en los testamentos judeo-cristianos le llaman *impureza* y era pecaminoso (en "estas honduras" es proselitismo político).

Pues en el Congreso Nacional se legislara para declararlo "reposo laboral menstrual" —¡vea usted!—, y desde su aprobación en La Gaceta, todas las mujeres del país de los 12 a los 50 años solamente trabajaran un estimado de 16 a 18 días mensuales dentro el periodo laboral de cuatro semanas.

Cuando impuras, las damas obreras y campesinas bíblicas no estarán obligadas a asistir al trabajo, ni a los cultos o ritos y no pagaran el diezmo. Además, cada 24 días habrá un descuento especial en farmacias y supermercados, para cubrir sus necesidades nutricionales y médicas. Lo anterior se amplia para ejecutivas, asalariadas, profesionales, de la calle, prepagas y tod@s...

El "Código del Menstruo", permitirá que las obreras, empresarias, funcionarias y domesticas descansen de cuatro a siete días pagados cada mes y, para su certificación, el Ministerio de Trabajo instalara una suerte de *"menstruo-medidores"* en farmacias y Banasupros (y *On line*) de todo el país con el fin de autorizar la incapacidad de la empleada en cuestión (favor llevar una fotocopia). En las zonas rurales, las hermanas campesinas deberán de cumplir su descanso en sus hogares para no entristecer ni amarillentar los sembríos.

Parientes y jefes de hogares tendrán que dar descanso en sus domicilios a las *enlunadas* durante su periodo menstruoso y, las mujeres dedicadas a la política, no discursaran ni votaran en el Congreso, ni sonaran pitos y matracas durante su luna carmín (azules, granates, resistentes y XYs). Asimismo, se formalizara un documento de delegación o poder especial para las ciudadanas habidas con la *regla* durante las votaciones electorales.

En las Maquilas, se reivindicara medio millón de días laborables por cada *chinto* lunar (*mes*)…, perore, perore…

¿Suficientemente discutido…?

¡Viva el Partido Liberal! ¡Viva Sabanagrande!

Señor ten piedad de nosotros…, Cristo ten piedad de nosotros… Señor, ten piedad…

Mauricio Babilonia.

Cerro Juanalainez (desde aquí se ve tu casa…)

Sr. Director. Diario la Tribuna. Octubre 2016

Un saludo. Le adjunto una sátira política sobre un tema de las próximas generaciones, agradeciéndole que lo publique en su columna Tribuna del Pueblo.

Mauricio Babilonia.

Tropicodecancer2000@hotmail.com

Publicado en Tribuna del Pueblo el 8 de septiembre de 2016

Posteridad de mach@s-omega

La "generación Milenial" en el mundo es una de las más preparadas de la historia pero en estas honduras es decepcionante (los nacidos después de 1985). Están abandonados y será la generación que asuma el quehacer profesional que demande el país a partir del Bicentenario de su Independencia (2021). Estos "profesionales" hubieron de cursar su educación PRIMARIA en escuelas entumecidas, sin techo ni inodoros ni pedagogos, con maestros *"cuando hay"*, para luego continuar estudiando una SECUNDARIA en ciclos de 85 días de clase al año (85 días sobre 200), con catedráticos también mal habidos en centros de docencia inestables y empobrecidos. De los privilegiados que llegaron a la UNIVERSIDAD nacional autónoma, cursarán quizás solamente 150 créditos profesionales (de los 200 obligados), recibiendo clases de pie, enmascarados, con la calificación más baja posible lograda por huelgas, a veces adulterada, con catedráticos del FRUH 60, sin lecturas ni laboratorios ni tesis científicas ni recopilación y sin rigor..., coexistiendo su cotidianidad en vecindarios con más billares y *reggaetón* que librerías, asaltos en los buses, proles de la *patersoltería*, con televisores hogareños empapados de futbol y telenovelas, jugando insignificancias en las redes sociales al rumor de las selvas hondureñas, en un país mezquino sin horizonte ni agua ni pinos ni próceres, de carteles, pero con una microcefalia política y sanitaria alarmantes.

Sí conjugamos estos factores: ¡Dios salve a la Patria!

Mauricio Babilonia.

Cerro Juanalainez. Real de Minas de San Miguel Arcángel.

Sr. Director. Diario la Tribuna. Julio 2016

Le adjunto una sátira política sobre un inocente tema del momento, agradeciéndole que lo publique en su columna Tribuna del Pueblo. Mauricio Babilonia. Tropicodecancer2000@hotmail.com

Publicado en Tribuna del Pueblo en julio de 2016

A VER PAPI ¡OTRO REDONDEL!

A ver Papi ¡Otro redondel!

No hay silencio en la ciudad Papi, ni limpieza, ni agua, ni aeropuerto, ni seguridad, ni jardines Papi, solo puentes. Es la Capital.

Una mujer de a saber dónde puso un puesto de comida en mi esquina Papi, y en la otra esquina hay una llantera. Pobres pulperías, cantinas y billares Tito, ocio por montones y pastores protestantes con sus parlantes toda la semana gritándole al pecado. Se abre bulto Papi, ¡Otro puente! Pasan a diario por las zonas residenciales cuatro altoparlantes vendiendo quesillo, aguacates o comprando baterías o *refris* viejas y uno de un banco capitalino, Papi, a todo volumen, y las ambulancias aúllan a las dos de la mañana atravesando la capital. No alcanzamos a dormir, ni estudiar, ni descansar Papi, ni viejos ni niños… ¡Otro desnivel!

¡No se oye Papi! ¡A la orden! Es un DESORDEN.

No habemos ricos ni pobres, Papi, todo es mediocridad.

El cerro Juanalainez Papi, ahora hay una ciudadela iluminada de noche. ¿Delincuentes Papi? ¿*Baisanos*? Nadie hace nada. ¡Otro puente!

Zancudos, Zika, gorgojos, incendios, apagones, embotellamientos, aguas negras, alcantarillas, maras, asaltos, pepenadores y perros vagos Papi. ¡A la orden!

Los arboles Tito, deben de tener un solo tronco; y no hay aceras y abundan los huecos, baches, arbustos chucos, turcos con parlantes, llanteras, comederos, mendigos, taxistas patanes, busitos mareros, tiendas de bulto, comedores callejeros, reguetón, evangélicos poseídos... Volvamos al Centro, Papi, un redondel... Y no hay agua ni ferrocarril ni aeropuerto Papi... ¡Otro puente!

¿Y la reelección Papi?

Mauricio Babilonia.

Cerro Juanalainez. Real de Minas de San Miguel Arcángel.

Año 2015

Don Adán Elvir, por favor, para su columna Tribuna del Pueblo.

Gracias.

25 agosto de 2015

No fue publicado por el diario

Llamarse Honduras

Honduras, el plural de hondura, según la RAE, significa la profundidad material de una cosa o tratar de asuntos profundos y dificultosos.

Quien nos puso Honduras como nombre de país nos fregó. Nos jorobó. Como si nos hubiera hechizado.

Y entonces el país se quedó atrás. Quizás no por el nombre, pero algún influjo ha de tener y a algo hay que echarle la culpa. Tal vez el significado del vocablo nos maldijo porque las palabras tienen su propia magia. Lo que se llama diabólico es malo, lo que se nombra como excelso es bueno, Dios es divino y hondura es algo hondo, profundo, bajura, fosa o hueco.

Don Cristoforo, en 1502, cuando lo asusto el huracán, de por seguro no tuvo la intención de ponernos tal nombre. El solamente agradeció a Dios el haber salido de esas honduras, refiriéndose hipotéticamente al mal momento, no al lugar. Algún bruto después, uso la alusión en uno de esos mapas viejos y la fuimos aceptando al pie de la letra como referencia geográfica. Luego de tres siglos nadie se interesó en la cuestión hasta después de 1821, cuando Morazán o Ferrera debieron haber sido más clarividentes y proponer otro nombre al comenzar la Confederación o la República, pero no lo hicieron, tal vez porque en el ajetreo del entonces nadie reflexiono en el asunto y la profecía siguió su curso.

De las ex Repúblicas Unidas Guatemala viene de un término indígena, Nicaragua se origina por el nombre de un cacique, Costa Rica significa riqueza, El Salvador se refiere a Jesucristo y únicamente el nombre de Honduras se origina de un sustantivo peyorativo.

Y es así como el vaticinio del Almirante se cumple irremediablemente y todos los indicadores nos sitúan en la cola entre los países latinoamericanos.

Estamos en honduras, precipitados, sin poder salir. Solo honduras, profundidades, atraso, indigencia, ignorancia, ineptitud, descomposición y deterioro.

Habrá que volver a nacer como país. A lo mejor una revolución nominativa. Un país después del Mitch. Es necesario, ¡Oh Diógenes!, encontrar un caudillo que proponga un cambio de nombre que arrastre asimismo a un cambio de actitud.

Nuevos próceres tras otro nombre de país. Nuevos planes. Una nueva moral. Un país con un nombre que nos saque de las honduras y nos lleve a las llenuras, o hacia las alturas.

Mauricio Babilonia.

Tegucigalpa
Republica Morazanista de Ocotal (Wow!). mbabilonia@
hotmail.com

Año 2014

Toma posesión Juan Orlando Hernández como Presidente. No hubo comentarios de Mauricio Babilonia.

Año 2013

Año electoral.
No hubo comentarios de Mauricio Babilonia.

Año 2012

Tribuna
DEL PUEBLO

Tribuna
DEL PUEBLO

El movimiento rojo-gris

Refundación HONDURAS GALEL

Mauricio Baldoma

Mauricio Baldoma

Don Adán.

Señores de la Tribuna. 26 de diciembre de 2012

Muchos saludos. Ante todo le agradezco haber publicado mis opiniones en 2012, y me resta felicitarlos por su labor periodística y desearles lo mejor en el Bactun 14.

Como ante lo que ocurre es difícil guardar silencio, hoy me empeño en satirizar un poco sobre la pobre Capital de este pobre país.

Le agradecería que lo publiquen en la Tribuna del Pueblo. Gracias.

Mauricio Babilonia.

tropico2000@hotmail.com

No fue publicado por el diario

Voto x voto, bache x bache y ojo x ojo

Ojo con lo del título señor Álvarez que a todos parece que no hay alcalde en el pueblo. La ciudad está a la mano de Dios, mientras el edil y sus funcionarios lloran y reniegan de su fracaso electorero cuando "los pobres" votaron por el lado oscuro de su partido.

Los baches pululan, las alcantarillas sin tapa y los cúmulos de basura crecen mientras el tal "papi", el edil que dizque que se levanta temprano, ahora de macho sin dueño recoge la basura a las cuatro de la tarde cuando ya toda la porquería está desparramada por los perros, por el viento y los pepenadores.

Mientras el alcalde llora a moco tendido el chanchullo que le hicieron las sirenas anuncian la caravana de los triunfadores y autos parlantes hormiguean por la capital metiendo bullicio todo el día, comprando metales, baterías, electrodomésticos o vendiendo verduras, quesillo, escobas, o los evangélicos cretinos colocan parlantes para gritar contra el pecado y las imágenes y los vecinos no gozamos de tranquilidad ninguna.

Cuando don Ricardo y regidores departen sobre política, en cada esquina una vecina saca un mesón con un anafre y se pone a vender comida u otro vivaracho pone una pulpería y todo se vuelve mercado, suciedad, perros callejeros, vagos, el confuso "Mercado Álvarez" que antes se llamaba Tegucigalpa.

Las divisiones del tránsito vial, lo único que hizo en su primer periodo, están descuidadas y destruidas porque no le pusieron cemento a la mezcla. Son una vergüenza. Los semáforos inteligentes son manejados por menos inteligentes. Los pobres están más pobres (¿si es qué?) porque jamás llego la medicina social, ni los techos dignos, ni la seguridad..., todo fue demagogia de los ""de siempre".

¿Qué pasó *papaíto*? Ahora, le resta un año para desaparecer del todo. Si quiere que lo recordemos, olvídese de la guayaba que ya tiene dueño y comience a ponerle ganas al asunto edilicio que el "ojo x ojo" en las elecciones generales es inevitable.

Mauricio Babilonia.

*Cerro Juanalainez (Invasión Sur). Villa de Teguzgalpa y
Heredia.*

Sr. Director. Diario la Tribuna.

Septiembre 2012

Le adjunto un comentario sarcástico sobre nuestro inocente origen, agradeciéndole que lo publique en su columna Tribuna del Pueblo.

Mauricio Babilonia.

tropicodecancer2000@hotmail.com

No fue publicado por el diario

Nos escapamos de los mayas

Por fin, con el final del *Baktun 13* nos liberamos de los mayas. Con el fracaso apocalíptico mayoide Honduras renace de sus atavismos retrógrados de aquella cultura fracasada. Mirémoslo así, veámonos hacia a delante como un conglomerado productivo, desarrollista y vencedor.

Los mayas no superaron la edad de piedra y no podíamos continuar ejemplarizándolos. Fueron una cultura que colapso tres siglos antes de la conquista por la vocación vanidosa de sus dirigentes. Un imperio consagrado al culto de los caciques, militares y sacerdotes, dedicado solamente a ubicar en el firmamento un espacio para sus gobernantes, dejando de lado las necesidades de la población.

Futbol sin tortillas. De poco servía tener un calendario estelar si no había mazorcas en la mesa. La sabiduría sobre la órbita de venus, sobre el cero y los números y la escritura solamente se usó para someter a los pobladores ignorantes y supersticiosos, sin aplicarla para crecer, para producir riqueza que contar. No había comida ni seguridad, la escasa tecnología de construcciones gravitacionales y piedras afiladas era sagrada, solamente para los poderosos de ojos bizcos y dientes aserruchados.

Los mayas no conocieron los metales, ni el vidrio, ni el molino, ni siquiera la rueda. Los conocimientos prácticos de hidráulica, construcción, medicina, agricultura, armas, textilería, organización, legislación, alimentos eran mínimos, casi instintivos. Ni un arado, ni códigos de conducta, ni silos ni leyes metafísicas, ni una catapulta ni ecuación geométrica.

En ese devenir clasista se agotaron todos los recursos y se perdió el sustento, la gente malició de sus endiosados gobernantes y todo se vino abajo. Se desvanecieron de la existencia universal viviendo solamente siglos.

De nuestro "deslumbrante" pasado solamente quedaron piedras sobre piedras y algunos monolitos grotescamente tallados, que nosotros desenterramos para vender suvenires y misticismo apocalíptico.

No debemos seguir atados a esos grises orígenes, que el trece Baktun sea el final de su era y comencemos este solsticio de invierno nuestro renacimiento para el futuro.

Mauricio Humo Babilonia
Cerro Juanalainez
Villa de Teguzgalpa y Heredia.

Don Adán.

14 de agosto de 2012

Le agradezco por haberme publicado "El Movimiento Rojo-Gris" hace unas semanas, me hizo sentirme vivo de nuevo. Entenderá que ante tanto folklor es difícil quedarse callado. Mañana hasta nos cambian el nombre como hicieron en

Le agradecería que me lo publiquen en la Tribuna del Pueblo. Gracias.

Mauricio Babilonia. tropico2000@hotmail.com

Publicado en Tribuna del Pueblo el 19 de agosto de 2012

Refundación Honduras Galel

El Presidente, como siempre, nos distrae "diciendo cosas", repitiendo lo de otros.

Copán Galel, líder mayoide Chortí y cuasi pipil, gobernante dicen de él de los restos de la otrora gloriosa y fracasada gran urbe ceremonial, en su tiempo ya en ruinas y enmontañada, poco tiene que ver temporal y meritoriamente con las denominadas "Ruinas de Copán". Cuando Copán Galel escaramuzó contra los hombres de Pedro de Alvarado, contra quienes perdió, las ruinas ya eran ruinas desde hacía más de seis siglos.

¡Por favor, ayúdenle al Presidente, que de nuevo lo dejaron solo! Le ocurre por acompañarse de un ministro de cultura medio *garinagu* **y uno** *celtíbero* **en gobernación,** hasta con gentilicio continental y apellido peninsular.

El municipio de Copan Ruinas más bien pareciera que tiene el nombre que lleva por lo ruin y ruinoso que lo mantienen los gobiernos. Sus comunidades son de las más pobres del occidente de *"estas honduras"*, que de por sí es una de las naciones más pobres de América. Pobres entre los pobres, con un Índice de Desarrollo Humano (IDH del PNUD) de los más bajos dentro del país y tasas de analfabetismo y desnutrición mayores del 50%.

En el mentado municipio la población subsiste de la agricultura rústica, ganadería ramplona, recolección de café y zampándose aguardiente, un panorama de permanente desnutrición, enfermedades respiratorias, diarreas, muerte prematura, Chagas y mejor paro de contar. Por ahí trasiega coca, armas y vehículos brujos y aún no tienen aeropuerto.

Galel como Rey ni construyó pirámides ni escalinatas, ni cincelaba estelas ni jeroglíficos. Ni siquiera jugaba pelota porque la cancha ya estaba soterrada, tal como estaban sepultadas *Rosalila* y *Oropéndola*. Cuando lo perseguían los gachupines en Chiquimula emplumaba hacia el Pacifico y al final se rindió y hasta se evangelizo como Atahualpa, bautizándose con el nombre de *Porfirio del Corazón de Jesús de los Santos inocentes Galel y Pujol* (mientras Lempira sí que se despeño en Cerquín con los caites puestos, un par de años después).

Si cambiando de nombre la situación mejorara, deberíamos hacer otros canjes a ver: a Olancho-Malacate lo refundaría como Olancho *Sinchón,* a Cortés-Maletito pongámosle Cortés Maquila, a la Paz la Paz Rosuco porque ya poseen cancha y virgen de *Lladró* y, a la barriada del Juanalainez la rebautizaríamos como *Juanalainez Tu Bandera es un Lampo de Cielo...*

Honduras es honduras, Copan Ruinas es ruinas, el Portillo de Will es de Will... La toponimia no engaña, y a veces calladitos se ven más bonitos (Como dijo *Alex the Lion* en *Madagascar 3*)

Mauricio Babilonia.

Cerro Juanalainez 18 Conejo
Villa de Teguzgalpa y Heredia

Don Adán.

Señores de la Tribuna. 23 de julio de 2012

Me acerco de nuevo a ese diario tratando de superar vuestra censura o poco espacio con un artículo (a sabiendas sarcástico) sobre alguna coyuntura ideológica entrelineada en las corrientes liberales, para lo cual utilizo los colores como hilo conductor. Le agradecería que me la publiquen en la Tribuna del Pueblo..

Mauricio Babilonia. tropico2000@hotmail.com

Publicado en Tribuna del Pueblo el 28 de julio de 2012

El movimiento rojo-gris.

Por su condición semi feudal, la cromofilia política en *estas honduras* ha sido poco cambiante; por siglos el espectro no varió del azul y el rojo. El primero, color de los conservadores rememora a los republicanos franceses y, el rojo, tinte asociado al concepto de sublevación originado en las revueltas de parís y la revolución Bolchevique.

Fue hasta los 80's cuando *"el general"*, en su proyecto de seguridad nacional, pinta de negro y amarillo unas ruedas denticuladas que parecían esvásticas en los camiones del ejército, entonces, por afinidad, un Rector Magnífico matiza con esa misma combinación a su grupo ideológico universitario y pintarrajean toda la UNAH. Luego, combina el amarillo con el azul de su partido y, un efímero alcalde de la capital, miembro de su corriente, pinta los postes de Tegucigalpa con la combinación que hasta allí llegó. Por estrambóticos, al general lo fletaron a la Florida y al rector magistrado pa'su casa.

El negro, color de los piratas, fue el color de las ultra derechas de Guatemala y el Salvador porque siempre actuaban a medianoche. El rojo y negro en América lo ha tomado cualquiera que proteste o se indigne, sangre y muerte, venido de los leninistas rusos y maoístas, fue mercadeado durante el adoctrinamiento castrista en el Caribe y promovido en estas honduras por los sandinistas de Pastora (no de Sandino).

Al presente, en nuestra perpetua bufonada política, el rojo y negro lo adopta el movimiento *"Libre"* (término franquicia de un empresario latifundista) que aglutina disque a los izquierdistas criollos *new-age*. El negro ni ellos saben por qué y, el rojo, por sus inevitables rememoraciones liberales.

Los liberales de siempre mantienen el rojo-blanco-rojo de siempre, ahora con más paradigma ideológico por la existencia de los "*blanquitos*" (y los blanquillos exportamos a Paraguay).

El retacero de izquierda adopta soles con rayos azules, el verde infortunado de los DC y un amarillo vaticano desteñido mientras un edil azulejo oculta su mezcla de azul-naranja y así así, la imaginación no falta, pero a los más se les hace un nudo en la garganta separarse de sus matrices ancestrales azules y rojos.

Entonces, bien calladitos, en el tumulto, como se hacen las buenas inversiones, surge el "rojo-gris", un espacio liberal que acoge a los rojinegros que no tuvieron coraje se salirse del closet, ñangarillos los unos, uñas escondidas los otros, remanentes del gobierno de las carretillas, que quieren seguir en las listas y no hayan que pito tocar.

De colores y sabores…, no nos asustemos si por ahí sale un movimiento *pink*.

Mauricio Babilonia.

Cerro Juanalainez (desde aquí se ve tu casa). Villa de Teguzgalpa y Heredia.

Sr. Director.

Diario la Tribuna. 3 de julio de 2012

Un saludo. Le adjunto un comentario volado sobre la intención de voto de nuestro inocente público. Le agradecería que lo publique en su columna Tribuna del Pueblo.

Mauricio Babilonia.

No fue publicado por el diario

Voto, no voto, voto, no voto...

Se espantan porque quieren.

Gente nueva o gente vieja es un joder, los nuevos (de 100 días de clases anuales e hijos de papi mañoso) y los viejos astutos y pan-véndemelas, a la larga son iguales porque en nuestra democracia lo que importa es "quedarse con los sellos"... Escuchen bien, quedarse con los sellos y, quien los posee, es el que manda (miren Venezuela, Ecuador, Bolivia, etc.)

Qué si los conozco o no, es otro entender. Nadie puede conocer a todo el mundo y mucho menos conocerlo bien. Además, nuestros indios no son garantía de base, una vez en el puesto son otras personas.

En una democracia como la nuestra, "de mediodía" ("*mesogiorno*", como diría *Montesquieu*), lo importante es que gane "EL GRUPO", el grupo de gente de la misma clase o arrabal a la que tu PERTENECES, aquellos que caminan como tú, en parecida dirección, los que huelen como tu sudor y el de tu prole, que piensan parecido, que visten semejante y no te envidian tanto porque tienen otro tanto igual como tu familia. Vivos o tontos, jóvenes o viejos, machos o hembras, honestos o corruptos, se debe de votar por los que cumplen, aunque de forma gregaria e ignorante, con tu "conciencia de clase", con tu clasificación o estatus social, económico, gastronomía, nivel cultural, político, ideológico, espiritual, moral, ético, comercial y educativo (revisen el capítulo II del Manifiesto del Partido Comunista de *Marx y Engels*, mis burgueses preferidos)

Aunque no conozcas a los candidatos de tu línea, de tu grupo y de tu barrio, a tu edad debes de tener algún olfato para decidir por quien votar sin estarte haciendo tantas preguntas estólidas.

En la planilla liberal fastidia la candidata Lisy que interrumpe tanto el proceso como la papeleta y, además de mostrar una debilidad propia, marca una interferencia brabucona de su padre. Sin embargo, los otros, brutos o jóvenes, chucos o pachucos, conocidos o no, son "la plancha" que enarbola tu estratificación socioeconómica y, aunque no los conozcas, hablan tú mismo lenguaje, así que vota por ellos si es que quieres sentirte conforme con tu humanismo y tu compromiso de clase.

Yo votare liberal digo, por la derecha, por el prelado Mauricio porque es quien más se parece a mí temple. Por el maestre colorado y su gente, confiando que aunque conocidos o no él los sabrá comandar hacia objetivos nobles y comunes, exceptuando el número uno de la planilla que aún no sé cómo resolveré.

Mauricio Babilonia.

Juanalainez se viste de rojo...

Don Adán.

Señores de la Tribuna. 20 de enero de 2012

Un saludo y mis buenos deseos para este 2012 con politiquería, crisis, apocalipsis y todo.

Inicio el año con un comentario sobre el boato presidencial (que no es precisamente mi temática), para variar un poco. Le agradecería que me la publiquen en la Tribuna del Pueblo.

Mauricio Babilonia. *tropico2000@hotmail.com*

No fue publicado por el diario

EL PROTOCOLO DEL CHIMBO

Para la visita del Príncipe de Asturias (sin su Princesa Letizia, con zeta), nuestra Primera Dama asistió al recibimiento con un atuendo casual de chaqueta (safari) corta y pantalones *kaki*, como si estuviera llegando del "*súper*", totalmente informal y ceremoniosamente inadecuada. Además, si el *sangre azul* no llegaba acompañado de su periodista, ella no tenía nada que hacer allí.

¿Qué habrá ocurrido con la gala y la magnificencia presidencial de otras épocas? ¿Quién asesora al mandatario sobre la "etiqueta" obligada y el protocolo? Quizás alguna vecina del Chimbo o algún pariente de Jutiquile, o la diplomacia oficial, ya cansada de tanto Canciller de barrio, ha caído en la vulgaridad y la patanería local penetró los círculos ceremoniales.

Ya nadie se peina ni emperifolla. El sudor y mal gusto predomina en las ceremonias oficiales de banquetes *buffet*, de guaruras y vajilla desechable. Lo ceremonioso y solemne, aunque austero y sencillo, no es parte importante de la imagen que proyectan los funcionarios al exterior, ni siquiera los empresarios, adonde nos hacemos conocer como una sociedad embebida en el *messogiorno* de prietos charrasqueados, chancletudos, chucos y pachucos.

Ni los militares (de uniformes gratis) mantienen su otrora solemnidad, panzones y desalineados. Policías con gorras de *baseball,* los noticieros con reporteros sofocados con la corbata desplayada porque las camisas no les cierran, empresarios mal teñidos y rasurados, dirigentes engorrados y políticos mal hablados.

Constantemente vemos al Presidente vistiendo jeans o guayaberas, al más pésimo mimetismo del *lumumbismo* caribeño, y hasta tememos que algún día aparezca con blusas bordadas con rosquillas o mazorcas, o arabescos *mayoides*, como estilan lucir los aparatosos presidentes del Ecuador y Bolivia. Igual, en otros actos, el Alcalde recibe las misiones internacionales con gorra anaranjada (¿?) y chamarra *Nike* mientras los ministros lucen provincianos y mostrencos.

Cuentan que cuando el protocolo de "*la Embajada*" indagó sobre el ceremonial criollo, en ocasión a la entrega de credenciales de su embajadora, les dio tanto temor que Don Porfirio la recibiese con una camisa cuadriculada (o con sombrero), que la honorable señora se presentó a Casa Presidencial ataviada cotidianamente, con un traje de "*K'Mart*" de tonalidades calvinistas, dejando atónitos a los capitalinos bien vestidos.

Quizás ocurre lo del dicho oficinesco (*Peter*), cuando expresa que todo funcionario que, al ser nombrado, corre al sastre para que le confeccione los ropajes atribuibles a su nuevo cargo, no estaba preparado para asumirlo. Dios los crea y ellos se visten.

Mauricio Babilonia.

Cerro Juanalainez y Heredia. Rio por medio con Comayagüela de los Indios.

Año 2011

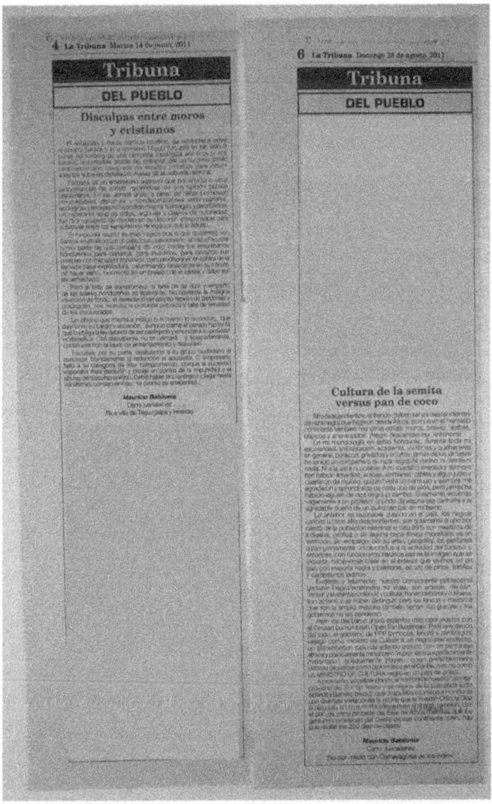

Tribuna
DEL PUEBLO

Disculpas entre moros y cristianos

[texto ilegible]

Mauricio Baldivieso
Carlo Lamberti
Riza villa de Tegucigalpa y revista

Tribuna
DEL PUEBLO

**Cultura de la semita
versus pan de coco**

[texto ilegible]

Mauricio Baldivieso
Carlo Lamberti
Tegucigalpa

Don Adán.

Diciembre de 2011

Un saludo. Alguien sabrá lo que está pasando en "estas honduras"? Un grupo de moteros *Harleros* me pidió un análisis como el que le adjunto que, aunque resulto un tanto largo, le solicito me lo publique en su muy leído periódico.

Mauricio Babilonia.

No fue publicado por el diario

MOTOCICLISTAS INDIGNADOS:
OCCUPY TEGUCIGALPA

En Honduras, para desconsuelo de todos, hoy por la mañana el crimen organizado asesinó a Alfredo Landaverde, un buen hombre, y nuestras autoridades, tratando como siempre de tapar el ojo al macho, en vez de buscar a los autores la arremeten en contra de los motociclistas del país.

¿De por qué el empeño en afectar 300 mil motociclistas que usan su vehículo para su labor, para cumplir sus necesidades familiares y para su esparcimiento?: PORQUE LA AUTORIDAD, COMO SIEMPRE, NO QUIEREN TOMAR LAS VERDADERAS ACCIONES DE DESEEMASCARAR A LOS ASESINOS, de los cuales varias autoridades podrían ser cómplices, como se ha dejado ver en las fatales noticias de los últimos días.

A Landaverde, como a muchos más, <u>lo asesinaron dos sicarios y no dos motociclistas</u>. Lo mataron dos asesinos profesionales que ejecutan un trabajo por una cantidad de dinero y, con motocicleta o sin ella, lo hubieran asesinado desde un vehículo, de un avión o a pie. No tiene nada que ver el motociclismo.

En este país de quebrantos andar en motocicleta no es un lujo sino una necesidad. Una necesidad riesgosa, incomoda pero imperiosa de la clase trabajadora porque el Estado, que ahora los castiga sin razón, no ha podido proporcionarles un sistema de transporte seguro para sus labores o sus familias.

Tampoco los políticos han podido lograr que la clase media gane lo suficiente para adquirir un vehículo de cuatro ruedas, si ni siquiera, los alcaldes y ministros, han podido resolver el problema de los atolladeros de tráfico que afectan tanto el transitar y desenvolvimiento normal de las personas.

Andar en motocicleta es un obligado sacrificio privado por culpa de la inoperancia gubernamental y política. Baches, accidentes, desorden, robos, suciedad, corrupción oficial, lluvia, calor, contaminación, atentados, costos, desperfectos y mediocridad, son a lo que se somete un motociclista en nuestras ciudades por cumplir con su obligación de transportarse en su actividad laboral o familiar.

Existen tan sólo 40 a 80 sicarios (las autoridades lo saben) y 300 mil motociclistas honestos pagaran el pato porque el gobierno de Lobo castiga a los honestos. Por seguro que Alfredo Landaverde no hubiera estado conforme con la liviandad y nocividad de la medida.

En los últimos años se ha mentado y propuesto diversas acciones contra los motociclistas pero ninguna contra los sicarios. Con sólo pensar que la Policía controlaría el cumplimiento de estas medidas por parte de los motociclistas cuando a saber si no son ellos mismos los sicarios, entrenados en disparar desde motocicletas en marcha.

Se habló de chalecos —semejante estupidez—, como si la falta de un chaleco va a detener a un asesino a sueldo o como si el sicario va a realizar su crimen usando el chaleco con su número personal.

Las autoridades son vanas. No quieren capturar a los sicarios ni a los que pagan su acción. Actualmente los sicarios asesinan a los motociclistas para quitarles su vehículo y usarlo en sus correrías. Mañana también mataran por un chaleco. Quien será el responsable de estas muertes de inocentes: ¿Don Pompeyo o Don Juan?

Miremos el caso de los Taxis, todos están enumerados y son por hoy el principal vehículo de robos, secuestros, violaciones, prostitución, atracos, narcomenudeo, crímenes, asaltos y demás y nadie hace nada. Las patrullas policiales también tienen número, placas y chalecos y andan asesinando universitarios, robando armas o celulares o cobrando el impuesto de guerra.

Los carros del estado, y de los diputados y sus familias circulan sin placas, o placas oficiales, con los vidrios totalmente oscurecidos. De ellos se ha sabido que transportan chinos y drogas por las fronteras y otras actividades delictivas y la autoridad no hace nada por resolverlos.

Qué tal si el negocio de los chalecos podría ser más importante que la misma prevención del sicariato, y mejor si se designa "de emergencia". Imaginemos 300 mil chalecos especiales a L120.00 c/u, un total de 36 millones de Lempiras en una primera compra. Si aceptamos acompañantes: 6 millones más.

En Colombia, adonde se vivía una guerra urbana, se obligaron los chalecos a los motociclistas y el sicariato siguió igual. Además, como la actividad diaria en motocicleta es deterioradora, a pocos meses la mayoría de los chalecos eran tirones y hubo que renovarlos (otros 30 millones anuales) por la fea apariencia que daban los moteros en la ciudad. Un negocio sin igual que seguramente ya estará propuesto a un par de palestinos comedidos.

Otra medida fue de tipo vial, que el motociclista no podía rebasar los vehículos en marcha sino que respetar su carril. Esta medida es común en la mayoría de países del mundo (menos en Honduras) y no se ha tomado por la misma incompetencia de la autoridad de tránsito.

Entonces, si mañana asesinan a alguien importante desde un vehículo, como ocurre cotidianamente, habrá que prohibir el transporte de más de una persona en los automotores? O si volvemos a saber de un congresista haciendo picardías en su vehículo, les pondremos chaleco a los diputados?

Motociclistas indignados: *Occupy* Tegucigalpa.

Mauricio Babilonia.

Cerro Juanalainez y Heredia

Señores de la Tribuna.

24 de octubre de 2011

Un saludo, agradecimiento y esperanza porque ya haya superado las vicisitudes del susto y la salud por causa del asalto a que fue sometido.

El tema presente es alguna crítica por las desviaciones culturales que fomentamos al politizar la selección de los funcionarios. Le agradecería que me la publiquen en la Tribuna del Pueblo. Atentamente.

Mauricio Babilonia.

tropico2000@hotmail.com

Publicado en Tribuna del Pueblo el 28 de agosto de 2011

Cultura de la semita versus pan de coco

Afro descendientes, entiendo, deben ser los descendientes de raza negra que llegaron desde África, porque en el mentado continente también hay otras etnias: moros, *bóeres*, árabes, blancos y anaranjados. ¡Negro descendientes, entonces!

En mi mundología en estas honduras, durante toda mi escolaridad, socialización, academia, vivencias y quehaceres en general, públicos, privados y ocultos, jamás de los jamases he tenido un compañero de raza negra. Ni vecino, ni cliente ni nada. Ni a la vista ni posible. A mí (nuestro) alrededor siempre han habido amarillos, árabes, alemanes, pipiles y algún judío y cuarterón de mulato, quizás hasta un cambujo y siempre me agradaron y aprendí algo de cada uno de ellos, pero jamás ha habido alguien de raza negra (o zambo). Solamente recuerdo vagamente a un profesor oriundo de alguna isla caribeña y al agradable dueño de un bullicioso bar en mi barrio.

Lo anterior es razonable cuando en el país, los *negros caribes* u otros afro descendientes, son solamente el uno por ciento de la población mientras el otro 99% son mestizos de indígena, criollos o de alguna cepa étnica minoritaria ya en extinción. Sin embargo, por su arte y geografía, los garífunas están plenamente involucrados a la actividad del turismo y, entonces, con funcionarios insulsos esa es la imagen que se exporta, haciéndose creer en el exterior que vivimos en un país con mayoría negra y palmeras, en vez de pinos, tortillas y campesinos ladinos.

Evidente y felizmente, nuestro componente poblacional *garífuna* (negro/amerindio) es vivaz, son artistas, danzan, cantan y sustentan colorido y cultura, hacen deporte y culinaria, son activos y se hacen distinguir, pero los lencas y mestizos que son la amplia mayoría también tienen sus gracias y los gobiernos no las ponderan.

Pero los del barrio ahora estamos más confundidos con el *Cristian Lumumbism Open For Bussiness*. Para amolarnos del todo, el gobierno de *PPP* (orinocos, lencas y zambaigos) delegó como ministro de Cultura a un negro descendiente, un estrambótico caso de adeudo político con un personaje étnica y políticamente minoritario —repito: étnica y políticamente minoritario—, culturalmente playero, quien preferiblemente debería de ejercer como diplomático en el Caribe, más no como un MINISTRO DE CULTURA negro en un país de grises.

A propósito, *socializándonos*, el nombre de nuestra *"semita"* proviene del Sur de Texas y se origina de la pastelería judía sefardita (*semitic bread*), que cruza México y llega a Honduras con diversas variaciones (y no fue que la inventó Chinda Díaz en el barrio la Hoya, si ella sólo le puso el ribete); también, ojo: el pan de coco procede del Este de África mientras que los *garífunas* provienen del Oeste de ese continente. ¡Ven, hay que recibir los 200 días de clases!

Mauricio Babilonia.

Cerro Juanalainez

Rio por medio con *Comayagüela de los Indios.*

La Tribuna.

1 de julio de 2011.

Un saludo y agradecimiento por haber publicado mi anterior artículo sobre los comentarios del Obispo Santos. Lástima que omitieron el término de "*fenicio redomado*", que fue un trato rebuscadísimo, más poético que crítico.

Con la presente les envío algún sarcasmo (que también es genero), sobre la nueva agrupación política FARP, suplicándoles me la publiquen en la Tribuna del Pueblo.

Mauricio Babilonia. tropico2000@hotmail.com

Publicado en Tribuna del Pueblo el 5 de julio de 2011

El P-FARP y los cuarenta melistas

El FARP es el partido anhelado y tardío de los ñangaras criollos que ya alcanzaron su tercera edad. Desde los 70, los arrestos revolucionarios de los fracasados marxistas ladinos del barrio, y del Jardín de Italia, convertidos luego en asesores de transnacionales, casatenientes, catedráticos y peritos del PNUD, han venido soñado en tener un partido político para integrarse a sus planillas y colmarlo de consignas, manifiestos y lamentos sobre los desposeídos universales. Pues el FARP, así como va, con el apoyo de Caracas y de la Lumumba, será ese nuevo nicho que reúna a los ñurdos al son del *Quilapayún* chileno: "*Que la tortilla se vuelva, que los pobres coman pan y los ricos...*"

El nuevo partido-Frente (¡Válgame dios!), de Resistencia (¿A qué?), Amplio y Popular (una *perogrullada),* será toda "una merienda de rojos y negros".

Los rojos los pone la concurrencia de Don Mel, su familia revolucionaria y sus cuarenta prosélitos, porque llega bien acompañado de varios ex becados de RREE, un capellán pipil, carretiller@s, medio gabinete de correcaminos, literatos a granel para el congreso constituyente, especialistas en empobrecer, indultados(as), latifundistas, cantautores y bardos que compondrán su poemario, cuentacorrentistas, pichones de mamut, algún escultor de figuras de próceres y otros que han comido papas fritas de su mano. Entonces el P-FARP contará de pronto con centenas de *máquinas* último modelo, decenas de departamentos y locales en los más costosos edificios de Tegucigalpa, haciendas con pistas, motos *Harley* por doquier y caballos andaluces. Se salvaron.

Por la contraparte, los negros, estos saldrán de los andurriales de la dirigencia izquierdista nacional que, una vez saqueada la UNAH, el IMPREMA, los DDHH, el INA, los Sindicatos, el BCH, el FHIS, la ENP y el ALBA y similares, ahora se organizan en Partido político para poder alcanzar el presupuesto del gobierno

Una vez unidos (jamás serán vencidos) se completara el tamal y se colmaran con los dineros de Venezuela (ahora chequera de Fidel) y lloverán maletines y remesas de dólares para políticos albinos, para rayar paredes y para los de la libreta de resorte.

Solamente tendrán que definir si en las camisetas ponen el pichingo con gorra o con sombrero, con bigote o con perilla a lo Lenin.

Esa es la democracia del Varón de Montesquieu, para países del "*mediodía*".

"Viva el Puente de Goascorán jdd"

Mauricio Babilonia.

Cerro Juanalainez. Villa de Teguzbulla y Heredia.

La Tribuna
Tribuna del Pueblo / El P-FARP y los 40 melistas
El P-FARP y los 40 melistas
Tribuna del Pueblo 5 julio, 2011
2 Comentarios
(Divulgo los comentarios asociados al escrito anterior tal como los publicó La Tribuna de forma digital, con todos sus errores…)
Ludovico · *hace 487 semanas*
Excelente contribución.

Por un momento creí que hacía referencia a Ali Baba y los 40 ladrones.

Hablando de los "canta-autores"; han notado como en cada elección nunca faltan estos personajes que, buscando una chambita o limosna, componen 'corridos, cumbias, merengues y otras cursilerías, alabando no solo al candidato sino también a toda su familia?

Los llamados 'periodistas' también se pasan de lambiscones y una vez elegido su candidato, se ven acompañando a éste en sus viajes al exterior, con autos nuevos, etc.

Ay, mi Honduras!

Rolando Obando · *hace 487 semanas*
CUAL FRANTE AMPLIO SI EL NOMBRE DEL PARTIDO ES: FUERZAS ARMADAS

REVOLUCIONARIAS POPULARES. LOS ILUSOS SIGUEN ENGANADOS.

0 replies · *activo hace menos de 1 minuto*
aurora · *hace 2 semanas*

hey chicho babilona!! debo suponer que vives en lomas del guijarro? y que pasas tus vacaciones en aspen colorado y alpes suizos y eres dueño de empresas esas que evaden el fisco! eres socio de maduro y de ferrari! y eres del directiva del olimpia y teleton., si no estas en esta categoria eres un simple lambiscon lacayo de la oligarquia!!! por lo tanto te digo que esa opinion tuya es bien limitada y falta de argumento real., en conclusion solo escribis estupideces, deberias de abstenerte de hacerlo! y darle ese espacio a gente mucho mas inteligente que vos!! no escribas sandeces!! solo te digo algo mas del 98por ciento del pueblo esta con el FARP., Porque es la unica alternativa tangible, ya que el bipartidismo solo ofrece corrupcion y mentiras! asi que chicho ponete la camisola del olimpia y de la seleccion! y estudia no seas tan LIMITADO.! aunque les arda alos de ARDE, VIVA!! JOSE MANUEL ZELAYA ROSALES!!!...

0 replies · *activo hace menos de 1 minuto*

Señores de la Tribuna.

Un saludo. Junio 2011.

Hace mucho tiempo no envío mis comentarios por múltiples motivos y les agradecería publicar el adjunto en su columna Tribuna del Pueblo. Mauricio Babilonia. Tropico2000@ hotmail.com

Publicado en Tribuna del Pueblo el 14 de junio de 2011

DISCULPAS ENTRE MOROS Y CRISTIANOS

El solapado y hasta cómico conflicto de comadreos entre el obispo Santos y el empresario Miguel Facussé es tan sólo la punta del iceberg de una campaña ideológica anti-ricos (y anti turcos), emprendida desde las entrañas del comunismo criollo centroamericano, discursos no aislados propicios para inducir adeptos entre las desoladas masas de la pobrería nacional.

Facussé es un empresario agresivo que por envidia u otras circunstancias ha venido haciéndose de una opinión pública discordante. En los últimos años, a pesar de haber promovido innumerables diplomas y condecoraciones empresariales, ecológicas y sociales no ha podido mejorar su imagen de fenicio redomado y para Santos, un sacerdote lleno de odios, argucias y deseos de notoriedad, fue fácil escogerlo de modelo en su discurso irresponsable para sobresalir entre los sempiternos renegados que lo adulan.

El fondo del asunto es más trágico que lo que queremos ver. Santos, en similitud con un baladí cura salvadoreño, acusó a Facussé como parte de una campaña de odio contra los empresarios hondureños para dañarlos, para invadirlos, para pintarles sus paredes con mensajes agresivos, para predisponer en contra de la llamada clase explotadora, calumniando llanamente en su intento de hacer daño. Incorrecto en un prelado de la iglesia y debe ser escarmentado.

Pero la falta de compromiso, la falta de rigor y empeño de los líderes hondureños es aberrante. No obstante la maligna intención de fondo, el desenlace del asunto repleto de perdones y gracejadas, nos muestra la profunda pobreza y falta de seriedad de los involucrados, líderes de paja, revelándose un obispo malsano que abusa de sus homilías para inculcar odios y mentiras y un empresario líder (jefe de clan) que prefiere la publicidad blanduzca que hacer sentir el peso de su dignidad y la legalidad.

Un obispo que miente e instiga (y él mismo lo reconoce), que deshonra su mal merecido cargo y vocación, aunque clame el perdón hipócrita que lo obliga la ley debería de ser castigado y renunciar a su posición eclesiástica. Con disculparse, no se calmara la víbora que hay en él y, solapadamente, continuara con la labor de enfrentamiento y desorden

Facussé, por su parte, desilusiona a su grupo ciudadano al conceder blandamente la redención al delincuente. El empresario faltó a su categoría de líder comprometido, porque la sociedad esperaba más decisión y coraje en contra de la impunidad y el abuso del discurso político. Debió haber sido enérgico y llegar hasta las últimas consecuencias. Ya pronto se arrepentirá.

Mauricio Babilonia.

Cerro juanalainez.
Rica villa de Teguzgalpa y Heredia.

Don Adán. Abril 2011
Señores de la Tribuna.
Un saludo. Mayo 2011
Un poco de crítica social viendo al futuro de esta patria tan difícil. Por favor, para la columna Tribuna del Pueblo. Atentamente

Mauricio Babilonia. tropico2000@hotmail.com

No fue publicado por el diario

Harapientos en resistencia

Cosas malas ocurre a las personas igual que a las naciones y a veces ocurre a ambos a la vez. Así ha pasado a los hondureños en el país en donde nos hallamos: personas, bosques, ciudades e instituciones en harapos, la presente generación y la que sigue y las de después, todo y todos sin salvación porque nos decidimos por la indolencia, en ser flojos y perversos, los últimos del mundo occidental. Lucubraciones necias como Ciudades Modelo, consultas populares, comisiones ronceras o taimadas, acciones contra la pobreza, derechos humanos, anticorrupción, dialogo y otras ingeniosidades no son más que términos vanos en esta democracia bochornosa, un lapso al morbo para continuar la gresca en este país del *mezzogiorno*.

Geográficamente estamos igual que siempre, el mismo clima, el letargo, un territorio pobre cada vez más deteriorado, pero el problema está en la gente. Hay países buenos y malos, tiene que ser así, lo señalan los significados, y nosotros decidimos por lo tercero: ser los peores. Si jamás nada funcionó no tiene por qué funcionar ahora (nueva frase para *Murphy*). Desde 18 Conejo, pasando por Gonzales Dávila, Lempira, Guardiola, Pajarito, Melgarejo, el *Mich* y hasta PPP todo ha marchado mal y continuara peor, quizás por las maldiciones del cura Subirana o por los lamentos de la *ciguanaba (toma tu teta...)*, pero por estos lares ya todo es mediocre y todo lo será.

Nos *desburruncamos* en retazos. Como vivimos acá adentro y no leemos nada andamos ciegos y creemos que nuestra tierra es bella, fértil, un granero regional, el paraíso turístico de cielo de topacios y cuencas de oro, *"esa prodiga tierra..."*, pero si viajamos o nos ilustramos y sabemos de otros mundos, inclusive muy cercanos, entonces nos percatamos de nuestra sórdida desventura y el retraso en que andamos. Un erial. Lo rural ya es puerco y lo urbano inaguantable, pero la culpa no es de chinos o palestinos ni de imperialistas o republicanos, ni de burgueses o no, sino que de un germen que habita en los habitantes, que se incoa al nacer como el pecado original, desde la llegada de los hermanos Pinzón y hasta el siglo XXI, porque en quinientos años solamente hemos politiqueado y echado culpas a otros.

De la generación nueva, de los que sobrevivan, el 92 por ciento crecerán desnutridos de cuerpo y de alma, gateando en piso de tierra, con la moral cultivada en la barriada promiscua y la telenovela, con padrastros efímeros y tatuados, sin proteínas ni instrucción ni habilidades, esperando una pinche remesa para apalear el dengue y estos serán los que cumplan 18 años en el 2025, matizados quizás con un pinche uno por ciento de bilingües y blanquitos.

El lumpen-desarrollo es ya masivo (*proletariat*, burgués, naco y narco). La juventud vernácula, de los que asisten a un colegio, recibe la cuarta parte de la instrucción que se da a un niño de cualquier otro país: LA CUARTA PARTE. Son brutos desde infantes y *ad aeternam*. Un adolecente de cualquier barrio tiene más horas de billar y de vulgaridades que de enseñanzas y el niño rico, ni sus padres desabridos, jamás leen un libro. Además de la educación exigua, la calidad educativa es horrorosa, porque el profesor también proviene del mismo mejunje nacional y solamente asistió a la mitad de las clases en su programa de docencia, o sea: un incapaz enseñando a otros incapaces. Igual le pasa al ingeniero o al licenciado, en la universidad se gradúan con menos de tres años reales de clases y la mitad de los exámenes los *chepean* o se falsifican los títulos. ¡Imagínense: Un puente en el Goascorán duró hasta la primera lluvia y los frijoles se traen de Sri Lanka!

En el potaje nacional, 70% de los menores viven solamente con la madre, no hay padres, estos andan en el *pijín*. Mientras los ligeramente listos huyen a los USA vía Tamaulipas, a fracasar allá, los que quedaron, si no son vagos, tarados o tullidos, no ambicionan más que conducir un taxi o vender CD's en la peatonal, panzones, vistiendo ropa de bulto y sandalias *siete vidas*, o se hacen pepenadores, guaruras o se dedican al narcomenudeo. Hay quienes se antojan ser políticos o ministros y lo logran, se condonan delitos y deudas, hacen proyectos de emergencia y la vida continúa.

De los rescatables y excelentes —pocos pero los hay—, pronto se malogran dentro de consomé patrio, se apencan, los contamina el tercermundismo absurdo y pegajoso que todo lo envuelve y se vulgarizan.

El mal proviene de nuestras *raíces torcidas* y tórridas, una sociedad imperfecta por su mestizaje espiritual maligno, holgazán y petulante, y en los albores del siglo XXI es utópico esperar que con los consabidos e históricos estigmas de corrupción se levante del desorden en que habita. Todo está perdido, de la caja de *Pandora* se escurrió hasta la esperanza: gobiernos y gremios, políticos y profesionales fallamos reiteradamente a la patria, incapaces en armar una base social, cultural y productiva. Ni siquiera logramos prestar los más elementales servicios sociales a la población. No existe autoridad ni potestad y el estado y las instituciones ya no regulan la vida nacional. Acá, en Comayagüela, adonde nací, *a la orilla del rio verbena*, Insulsa dispone más que PPP. No hay gobierno central ni municipal ni comunidad, ni núcleo familiar, ni seguridad social ni física, ni líderes, ni fuerzas vivas, ni agua ni energía, ni maíz ni educación ni ética ni nada. Solamente producimos pobres.

En "estas honduras", donde escaseó la visión, siempre estaremos de últimos, porque cuando damos un paso para adelante damos tres para atrás mientras otros avanzan dos. Como país no hay salvación, si fallamos por dos siglos volveremos a fallar (*Murphy* de nuevo), *pero todos caerán con honor...*

«¿Entonces qué hacer? —interrogara el crédulo» ¡No me pregunten a mí!

Ay honduras..., *de un sueño de zafiro tu eres la aurora...*, en que malas manos has caído

Mauricio Babilonia.

Loma Juanalainez en resistencia.
Menesterosa Villa de Teguzgalpa y Heredia.

Don Adán.
Tegucigalpa. Enero 2011
Drogas es un tema peliagudo pero puede llevar algo de sarcasmo geopolítico y económico. Para Tribuna del Pueblo. Gracias.

Mauricio Babilonia.

No fue publicado por el diario

TRAFICANTES, UNIDOS,
JAMÁS SERÁN VENCIDOS...

Vamos puritanos, mírenlo así: la droga ilegal es la única transnacional delictiva aún en manos de los países subdesarrollados (coca en América latina, heroína del sudeste asiático, hachís los afganos, México con mariguana, etcétera), porque los otros negocios los tienen los hombres blancos, europeos desarrollados o no: armas, prostitución, vehículos robados, obras de arte, diamantes, tecnología, órganos humanos, vida silvestre, etcétera. Mal que bien, muchos beneficios de la producción y tráfico de drogas se quedan entre las clases marginadas de los tercermundistas y en la empleocracia gubernamental mal pagada, además de que el lavado de fondos turbios y las influencias crean recursos financieros para las clases superiores del sistema y los sectores económicos (políticos, legisladores, banqueros, casa tenientes, turismo, industria, comercio, ganadería, palma africana, infraestructura, banca...).

Si se legaliza la droga —lo único que nos queda a los del tercer mundo—, este bien se convertiría en un producto fiscal industrializado de prescripción médica, pasando a ser manejado exclusivamente por la mafia medico farmacéutica que ya domina y explota la salud del mundo y, entonces, los ganancioso serían los industriales y empresarios, moros y bautizados: Bayer, Mandofer, Schering, los Handal, Roche, el Colegio Médico, Parque Davis, Ciba Geigy, etcétera etcétera y, el pistillo que con tanto dolor y sangre deja el narco-negocio a los habitantes de Villa Adela, el Cairo, Zaba, Medellín, Siguatepeque, Tamaulipas, La Moncada, Hanói, Comayagüela, Adís Abeba, la Nueva Capital, pasaría a manos de los habitantes de Suiza, London, Paris, Coblenza y a los bancos europeos o a NY, dejándolo de ganar los pobres paupérrimos del mundo que caminan alrededor nuestro. Mejor dejemos la droga como esta. ¿Vieron?

Mauricio Babilonia.

El Aguacate, Olancho.

Año 2010

Tomó posesión Porfirio Lobo Sosa como Presidente.

Opiniones

Tribuna
DEL PUEBLO

NO al perdón, NO al olvido y NO a la amnistía: NO NOS FALLEN

Don Adán.

Diciembre 2010

Le adjunto algunos pensamientos sobre "el ocio" que le agradaran a mucha agente. Para Tribuna del Pueblo.

Gracias.

No fue publicado por el diario

Ocio: QUE VIVAN LAS CIGARRAS (CON MAYÚSCULA)

La "*dolce far niente*" o "sweet *doing nothing*", el "**placer de hacer nada**" (se los escribo en idioma extraño, porque también lugares extraños les vino esa pasión idiota por el trabajo y por estar haciendo algo todo el tiempo). Entendiéndose el significado de "*hacer nada*" como una idea que va más allá de la simple novatada de desperdiciar el tiempo no haciendo absolutamente nada (o no hacer nada)...

Gente "de oficio no conocido", especuladores, o no conocidos por ninguna obra constante, mil usos, han colmado la historia por sus contribuciones en el arte, el ingenio, la ciencia y la filosofía (verbigracia: Buda, Villa, Aristóteles, Cristo, Agustín, Kepler, Morazán, Pitágoras, Schleiden...). El ocio absoluto, irreverente, aviva la imaginación y da energía al concepto inteligente de "mantenimiento cero". Explicarle a alguien que uno hace nada es realmente más intenso y provocativo (y difícil) que andar contando que uno es un gran trabajador, ocupadísimo, ingeniero o artista. Me ocurrió en una oportunidad asistiendo a un entierro: Me encontré con un conocido que hacia un tiempo no veía y, en la quietud del acto mortuorio, él me preguntó en cuchicheo que a qué me dedicaba a lo que le respondí: "a nada". Inmediatamente el silencio se tornó más silencioso, el cabrón se quedó mudo, impávido, no hallaba que más decir y hasta algunas damas de negro alrededor nuestro me voltearon a ver de mala manera.

Honduras es un excelente lugar para hacer nada. El ocio empapa todos los ambientes. El asueto eterno. El mejor. No hay dos iguales. Burócratas, políticos, catedráticos, empresarios y profesionales, hombres y mujeres, dirigentes, chucos y pachucos, jóvenes y viejos, gastan su vida vistiéndose en las mañanas con el traje que pueden para pasar el día haciendo mediocridades. Matan su tiempo. Creen fehacientemente que se la pasan haciendo algo. Sufren de estrés. Ocupadísimos, mientras el país se hunde en harapos.

La propuesta puede ser formar una Logia o partido político de **"Hacer Nada"**, de holgazanería absoluta. Seria macanudo, no tendríamos que escribir ni estatutos, ni reuniones, ni mensualidades, ni actas, ni juntas directivas..., simplemente "NADA". La basura tírala al piso y espera a que llueva. La "ley del mínimo esfuerzo". Así es como Dios nos puso en el Trópico, holgazaneando a la sombra del árbol en espera que caiga el primer mango jade; y si cae, redescubrimos cada vez la teoría de la gravedad (*La fuerza F1 que ejerce una partícula con masa m1 sobre una m2 es directamente proporcional al producto de...,* de Newton, y esperar a que caiga el siguiente. El deber de cada socio será únicamente "hacer ni mierda" (en buen francés), votar y sentirse parte de una sociedad de irreverentes barzones, haraganes, y tener conciencia **del dulce placer de hacer nada**. El principio propuesto, una vez que se domine, debe ser planteado al pueblo en general, a las esposas, hijos, parientes, pastores y amigos y verán lo difícil que resulta.

"No me empujen", "lo hago mañana", "ven el lunes", "o mejor el martes", un día cojonudo para hacer cosas (ni te cases ni te embarques), pero no atropellen... Hacer nada es una evocación a la inmortalidad bíblica. Habrá inmortalidad tanto en el cielo como en el infierno y, al segundo lugar irán aquellos que hagan las cosas mal. Empero, si no haces nada, nada haces mal…, entonces: LQQD

El agua misma, siempre avanza para abajo…

Habrá oposición. A los espacios temporales de hacer nada nuestra cultura cuasi-rural los llama: ocio, pereza, haraganería, vagancia, flojera o huevonada. Hasta nuestra religión, que vive de la caridad, llega a clasificar el hecho como pecado capital (la pereza) y predica insistentemente que es en esos momentos cuando el diablo, que siempre anda suelto, se introduce y posee el espíritu de la persona induciéndolo al pecado continuo (aunque —agrego yo—, pecar es un ejercicio que demanda de mayor gimnasia cerebral e inteligencia que simplemente cumplir con los mandamientos).

Con "*il dolce far niente*" much@s saldran del closet laboral. Ya algunos de nosotros (y de los otros) jamás hemos hecho algo trascendental en la vida y hemos andado rasgándonos las vestiduras, demostrando que somos muy activos, laboriosos, trabajadorcísimos, colaboradores... Fariseos. Ahora aprendamos esperanto, interpretemos los libros revelados, planteemos estrategias de futbolito, sentémonos a digerir un crepúsculo, esbocemos la Quinta República, numismática, gastronomía, etcétera. Tú haces nada y yo te acompaño (*rucu-rucu*), porque las cosas pueden estar para después, ¿Qué prisa hay?

Tercermundistas en vías de desarrollo… ¡Joder!

Mauricio Babilonia.

Cerro Juanalaines de la Capital.

Licenciada Moreno.

La Tribuna. Marzo 13 de 2010

Doña Blanca, un saludo. Le adjunto un comentario crítico inusual sobre la hipocresía social en estas Honduras Siglo XXI, para su columna Tribuna del Pueblo (416 palabras). Le agradecería que me lo publiquen. Mauricio Babilonia (tropico2000@hotmail.com)

No fue publicado por el diario

Hipocresía social en la vida
y en la muerte

Algo sobre la mojigatería en las manifestaciones sociales de estas Honduras.

Acaban de morir lamentablemente tres personas en un acaecimiento aéreo y, de forma inusual, antes de 12 horas del hecho, el Ministro de seguridad se manifiesta personal y oficialmente en una página completa de un diario anunciando a la nación que el suceso fue *"accidente"*, y da el nombre y estado civil equivocado de los tres fallecidos. No hubo acordonamiento policial ni fiscal ni forense ni elementos probatorios ni investigación ni inspección de pruebas ni dictámenes técnicos ni testigos ni morgue: "Accidente", informo el ministro atropelladamente, sin más ni más, facilitando el ritual funerario judío de enterrarlo en el mismo día.

Un día después, nuestra prensa ha divulgado extensamente el sentir social sobre la tragedia. Del ciudadano importante fenecido, tanto los principales bancos como empresas, ejecutivos, particulares, partidos políticos, etcétera, todos, expresaron su duelo en decenas de páginas y avisos luctuosos remembrando sus cualidades y trayectoria, su militancia, tenacidad, amistad, apego, heroicidad, paternalismo, franqueza, laboriosidad, filantropía, juventud, ejemplaridad y compromiso.

Los medios nos dieron imágenes luctuosas de cómo el Presidente PPPL, en mangas de camisa, en un protocolo

inusitado, derramaba la primera paleada de tierra sobre el fé-
retro del finado tal cual como cuando contemplamos a los
funcionarios de pala en mano poniendo la primera piedra de
una obra, o sembrando el primer arbolito el día del árbol (¿ojala haya pasado la pala correctamente según el ritual judaico?).

Al día siguiente, todo se había dicho en nuestro medio sobre el hombre importante pero nada sobre sus acompañantes.
El primero fue encomendado a *Yahveh* o *Adonaí*, y enterrado
en una fosa particular del camposanto, al coro de ministros,
banqueros, políticos, rabinos, empresarios, fulanos y demás
miembros artificiosos de esta sociedad gazmoña.

De los acompañantes en el accidente, compañeros en su vida
y en su muerte, poco supimos. Por seguro que fueron llorados,
velados y sepultados por sus dolidos parientes ofrendándolos
al Dios de los cristianos o de los luteranos y en algún templo
se brindarán responsos y misas por sus almas. Mi más sentido
pésame.

**Ídem, mala la suerte la de Haití por el inoportuno terre-
moto de Chile tan seguido.**

Ahora como siempre, por los oropeles artificiosos, escaseó
la cautela social sin pensar que no importa con que mortaja
te sepulten, porque en el fondo de la fosa –como canta el vals
peruano– llevaremos la misma vestidura. No obstante, ojala
que mi muerte no esté acompañada con la de alguien con más
dinero que yo. RIP.

Mauricio Babilonia.

Cerro Juanalainez. Villa de baches y Heredia.

Licenciada Moreno.

La Tribuna. 10 de febrero de 2010

Adjunto mis comentarios para Tribuna del Pueblo. Aunque mi estilo usual es el sarcasmo y no el chauvinismo, esta vez me pareció oportuno valorar los últimos aspectos de nuestra Honduras (antes de los lumumbistas y dominicanos) y mentar a cada personaje que recientemente nos quiso dañar, matizando con algunas frases patrioteras del "Tu bandera". Le agradecería que me lo publiquen. Un saludo.

Mauricio Babilonia (tropico2000@hotmail.com)

No fue publicado por el diario

Honduras, cuesta creerlo: el ocaso de la Alba

En Honduras, disculpando la expresión, le metimos el dedo a ese duplo serpentino de Chávez y Fidel. Aquí, en mi país, expiró grotescamente el Comunismo Siglo XXI.

En Honduras naufragó el lado oscuro de Husein Obama y Rodríguez Zapatero. Con nuestra gesta se exhibió el fatuo gobernante de México y el correveidile de Costa Rica, se sofocó la pantomima gaucha, se refutó el plurinacionalismo prejuicioso del mestizo Túpac Morales y Corea, él de mitad del mundo, se murió del miedo.

Por guardar ese emblema divino, marcharemos o patria a la muerte...

Dimos al traste con los mediocres, encanta serpientes, charrasqueados, patanes, saltimbanquis y vende patrias locales. Tres Novel de Paz nos quisieron apabullar y aquí se dieron con los dientes. También la Hilaria y la Patricia Janniot. En Honduras desgarramos los ropajes fétidos de los dirigentes de la OEA, expusimos los amañados programas bolcheviques del PNUD, develamos la ignominia marxista de los organismos de Derechos Humanos, descubrimos la podredura del periodismo internacional y arrinconamos al socialismo estrangulado de la Unión Europea.

Serán muchos Honduras tus muertos pero todos caerán con honor.

¿Quién queda? Ahora nos falta combatir la hipocresía de Lula y la de los otros payasos amorales de la comparsa continental: los excomulgados y ladinos, los sicarios e incestuosos, terroristas seniles, chucos y pachucos, que ya irán cayendo gravitacionalmente ante el altar de la Diosa Razón.

Tú también o mi patria te alzaste de tu sueño servil y profundo...

Si Robespierre derribó a la Monarquía del Siglo XVIII en Honduras se desburruncó al Despotismo del Siglo XXI.

Tú también enseñaste al mundo destruyendo el infame eslabón...

En Honduras triunfo la dignidad, somos el *glásnost* democrático del continente latinoamericano.

Como un ave de negro plumaje...

Rey de Borbón: *¿Por qué no te callas?*

Ahora, no nos fallen. Viva Honduras. Viva el Cerro Juanalainez.

Mauricio Babilonia.

Cerro Juanalainez y Heredia

Licenciada Blanca Moreno.

Diario La Tribuna. Enero primero de 2010

Señora mía. Ante todo espero que este pasando lindas fiestas navideñas y de año nuevo.

Le envío, con mi sarcasmo político acostumbrado, un comentario sobre el tema de la amnistía por si puede publicármelo en la Columna del Pueblo.

Tratare de visitarla por su oficina en enero, hace dos años quiero hacerlo y hoy lo he puesto en mis promesas de año nuevo. Un saludo. Mauricio Babilonia.

Publicado en Tribuna del Pueblo el 12 de enero de 2010

No al perdón, ni al olvido
y a la amnistía: no nos fallen

Brumario 16. Como nunca, ni con el Mitch, Honduras había estado tan arruinada y debemos agradecer a su población e instituciones por haber respondido tan heroicamente por su dignidad. Entonces, ahora NO NOS FALLLEN.

El daño producido por la *lumpenburocracia* maligna y la angustia creada por el *lumpenñangarismo* criollo, que se escurrió dentro del partido liberal y en los cuadros del gobierno de Zelaya, ha sido inconmensurable. NO lo podemos soslayar.

Fue un gobierno mediocre, de funcionarios incapaces y libertinos que pasaron cuatro años en una francachela de mentiras, perjuicios, despilfarro, atentados institucionales y hasta embaucando la tierra a los campesinos. Un desgobierno que NO puede ser olvidado.

Ministros y diplomáticos beodos, parientes y amiguitas de los jefes y del mandamás viajando de compras a Europa con fondos de los programas infantiles de la tan malograda Primera Dama, licitaciones a dedo para los compinches, *comunistoides* de gran salario solicitando castigos contra los propios hondureños mientras el país se derrumbaba en la miseria, el descontrol, el gansterismo y el caos generalizado. Entonces, NO pueden ser perdonados.

Un presidente iletrado abochornándonos ante el mundo, con apariencia y apodos propios de los carteles colombianos, actuando como un personaje de corridos mexicanos, custodiado por esbirros venezolanos e inmerso en un ambiente de corruptela, grabaciones telefónicas, aviones enigmáticos, chantajes y asesinatos de colaboradores cercanos e involucrado con sus ministros en el saqueo vulgar del Banco Central. NO puede ser amnistiado.

Lobo y los que siguen no nos pueden fallar. En Honduras la sociedad dijo BASTA. Si no actuamos hoy no levantaremos nunca la cabeza y seguiremos como el país mediocre que vieron los de la OEA, los europeos y otros cuando nos quisieron doblegar sin lograrlo.

Otra amnistía anterior, hace 30 años, decretada por una constituyente, absolvió a otro Manuel Zelaya por haber arrojado a un pozo malacate a 14 personas entre activistas agrarios, curas y monjas. No continuemos ese agónico periplo hacia la *somalización* y ahora, al buey, en la barranca carioca, debemos ajusticiarlo como la ley manda, sino, el presidente electo comenzara su difícil mandato futuro como un gobernante pirujo.

No al olvido, nada de perdón. Necedad. En pijama lo queremos. Jamás otra amnistía. Tal como diría Maximilien Robespierre: *guillotin*.

(Qué le hubiera dicho a Sebastián nuestro fallecido Werner, QDDG).

Mauricio Babilonia.

Cerro Juanalainez. Villa de Baches y Heredia.

Año 2009

Año electoral
  Golpe liberal al Poder Ejecutivo (a Manuel Zelaya R.)
  Ocupa la posición presidencial Roberto Micheleti.

Don Adán. Octubre 8 de 2009

En estos tiempos de crisis no podía quedarme sin enviarle mi opinión particular. Le ruego me publique mi nota en Tribuna del Pueblo, espacio que no disfruto desde inicios del 2008. Un saludo atento.

He querido visitarlo en su oficina pero siempre anda inaugurando aulas.

Mauricio Babilonia.

No fue publicado por el diario

EN PIJAMA SE LO LLEVARON EN PIJAMA
LO QUEREMOS...

Don Roberto Micheletti, en las aulas de Derecho aprendimos que las cosas se deshacen de la misma manera que se hacen y, por ese principio, le exigimos que: si a Zelaya se lo llevaron en pijama lo devuelvan en un pijama a rayas, desde Brasilia a Amarateca.

Hasta ahora usted ha realizado un asombroso papel, lo felicito, oportuno y honesto, exceptuando su usanza de mencionar a Dios a cada rato. Sin embargo el dialogo *Hibueras* y sus acuerdos, si no se apegan estrictamente a la Constitución de la Republica, no harán más que incrementar la crisis y la violencia en fechas muy cercanas a las elecciones. Recuerde que, aunque los *cuatreros* andan solamente detrás de una *amnistía* para disfrutar de sus riquezas viviendo en el país, es innegable el hecho que hay un evidente complot internacional contra Honduras de parte del *chavismo-lulismo* (y *Obamismo* por defecto) y, la mayoría de los observadores y testigos del mentado dialogo, además de vivir del turismo ideológico, son empleados de lujo e infiltrados por esta organización doctrinaria y están de parte del enemigo (además de subsanarse con dos a tres millones de lempiras diarios en viáticos) .

El "*dialogo*", puede ser tan sólo una trampa para que los nacionales nos ahoguemos en nuestra propia saliva y, entonces, propondrán curarnos con cirugía externa.

Recuerde que usted es un Presidente que se debe a la Constitución y a la confianza de la sociedad, y no puede faltar a ambos. No al perdón y no al olvido, no es usted quien debe decidirlo, los ladrones, que alimentaron sus caballos de lujo con la avena que sustraían de los orfelinatos y despilfarraron el presupuesto para sillas de rueda de los inválidos comprando motocicletas pandilleras, ellos y sus peones de garra, deben de vestirse con la pijama rallada en blanco y negro y ser encerrados en presidio.

Mauricio Babilonia.

Cerro Juanalainez en resistencia. Hibueras

Licenciada Blanca Moreno.

Diario La Tribuna. Keso21@yahoo.com Noviembre 4 de 2009

Señora mía. Hace 12 años me publican en su diario aunque últimamente, ignorando el porqué, le han aplicado la censura a mi sarcasmo, que es mi estilo, abandonándome a la clausura.

Charlando sobre el particular con Ramón Villeda me recomendó que probase enviándole a usted mi comentario y me dio su correo electrónico, y, sin conocerla aún, decidí enviarle mi escrito adecuado ya a las circunstancias del momento para ver si es posible que sea publicado en la Tribuna del Pueblo, columna a la que tradicionalmente me dirijo. Un saludo. Atentamente.

Mauricio Babilonia

Publicado en Tribuna del Pueblo En noviembre de 2009

En pijama se lo llevaron en pijama lo queremos...

En las aulas de Derecho aprendimos que las cosas se deshacen de la misma manera que se hacen y, por ese principio, si a Zelaya se lo llevaron en pijama que lo devuelvan en un pijama a rayas, desde Brasilia a Amarateca.

Hasta ahora la sociedad hondureña y sus instituciones se han comportado con una actitud asombrosamente digna –felicitaciones–, oportuna y valiente y, si el acuerdo de Tegucigalpa y sus derivados no se apegan estrictamente a la Constitución y leyes de la Republica, no ocurrirá más que incrementar la crisis y la violencia en fechas muy cercanas a las elecciones. Recordemos que, aunque los *cuatreros* andan solamente detrás de unas planillas infames de petrodólares, es innegable el hecho que hay un evidente complot internacional contra Honduras de parte del *chavismo-lulismo* (y *Obamismo* por defecto) y, la mayoría de los observadores y testigos del mentado dialogo, además de vivir del turismo ideológico, son empleados de lujo e infiltrados por esta filiación doctrinaria y están de parte del enemigo (además de subsanarse con miles de dólares diarios en viáticos) .

El "*dialogo-acuerdo*", puede ser tan sólo una trampa para que los nacionales nos ahoguemos en nuestra propia saliva y, entonces, propondrán curarnos con cirugía mayor, venida del exterior.

Recuerden los políticos que nos debemos a la Constitución y a la confianza de la sociedad y no se puede traicionar a ambos. NO al perdón y NO al olvido, si vamos a escribir un *Libro Blanco* no nos olvidemos del *Libro Negro* de corruptela, criminalidad, extorsión y narcóticos recién vivido, cleptómanos que alimentaron sus caballos de lujo con la avena que sustraían de los orfelinatos y despilfarraron el presupuesto de las sillas de rueda de los inválidos comprando motocicletas pandilleras, ellos y sus amos de garra no pueden volver, a menos que vestidos con pijama rallada en blanco y negro y ser encerrados en presidio.

Mauricio Babilonia.

Cerro Juanalainez en sucesión. Villa de San Miguel y Heredia.

Don Adán.

29 de junio de 2009

Un saludo. Le envío un *réquiem* ya conocido por todos, rezado desde Casa Presidencial, por un bachiller salesiano, para Tribuna del Pueblo. Muchas Gracias.

No fue publicado por el diario

AMEN

... Danos hoy nuestro pan de cada día;

perdona nuestras ofensas...

como también nosotros perdonamos a los pecadores;

no nos dejes caer en la tentación, y libranos del mal.

Pueden sentarse...

Mauricio Babilonia

Bulevar Juan Pablo II, Teguzgalpa.

Don Adán.
Diario La Tribuna.
Marzo de 2009 (Antes del golpe liberal)
No fue publicado por el diario

Toma de posesión en palmerola

Conociendo el resultado de las elecciones internas el ingeniero forestal *honoris causa* y Presidente Zelaya, tendrá que buscar un lugar neutral adonde lo pasen, quizás Palmerola, para la transferencia presidencial si no quiere escuchar la más salvaje y esperada chifladera cuando entregue la banda presidencial al próximo presidente de estas Honduras.

El voto fue evidentemente de castigo y rechazo al gobierno de Zelaya. Los nacionalistas participaron en mayor número mostrando su actitud de desacuerdo y los liberales votaron en contra del oficialismo (dos a uno), contra el candidato oficialista que en plena campaña se refugió deprimentemente en un hospital para no afrontar la decisión sobre la agresión bolivariana a nuestro sistema de vida y negoció la criticada y vergonzosa artimaña de: "*levante la mano por un millón*", según acusó el propio Vicepresidente de la República, ahora candidato ganador cuesta arriba.

Entonces, la toma de posesión del 2010 será una bulliciosa fiesta popular de chiflidos, matracas, carreras de bombas y fuegos artificiales. Solamente resta un pinche año político de recesión y al gobierno de "Melquiades" Zelaya, tal como le nombro en una ocasión el Presidente del BID, no le queda nada. El poder Ciudadano fue un fracaso, la ENEE un circo, la carretera de cuatro carriles en dos meses una burla insolente,

Palmerola un negocio de amigotes, el antiimperialismo chavista una ofensa, la corrupción es incontrolable, la incapacidad ministerial insoportable y el discurso *"centro izquierdista sin centro"* inaguantable. Entonces, la población votó en castigo y la algarabía, al sacar ese *"buey de la barranca"*, será espectacular, mayor que la con Callejas, y entonces el Ejecutivo tendrá que dar una buena imagen ante el cuerpo diplomático y la prensa extranjera por lo que deberá buscar un espacio diferente al Estadio Nacional para los actos de toma de posesión. Quizás alrededor de Palmerola…

Mauricio Babilonia.

Cerro Juanalainez. San Miguel y Heredia.

(Villa sin ferrocarril, tranvía ni aeropuerto, ni carretera de cuatro pistas)

Año 2008

Don Adán.

Tegucigalpa 15 de julio de 2008

Debido a su censura implacable con los anonimaticos (con algunos) para dejar paso a los del *call center* (o editorial center) del gobierno, este año lo he molestado poco. Ahora le envío un comentario sobre el futuro de este Presidente que nos ha tocado, *avemariapurisima*, para ver si se regulariza algo y calma mi conciencia ciudadana. Un saludo.

Mauricio Babilonia. Tropico2000@hotmail.com

No fue publicado por el diario

PRESIDENTE DE UN GOBIERNO DAÑINO

Honduras ha calificado a sus Presidentes como buenos o malos y a veces con alguna calificación o superlativo adicional. Carias un tirano; los militares un desastre dictatorial; Gálvez, Villeda y Reina fueron valiosos; Rosuco y Flores difíciles de medir porque el primero fue de transición democrática y al segundo lo agarró el huracán desburruncandole la agenda; Azcona y Maduro fueron mentecatos; Monchito y los dos últimos años de Callejas fueron pésimos y, al actual gobernante, cómo habremos de calificarlo en el futuro si persiste al mando de un gobierno especialmente dañino que ha causado incalculable detrimento a la población.

La imagen virtual-real es que la cúpula gubernamental no *"pega ni una"* y nos salpica a todos. A la vista están, y muy sentidas, todas las aventuras políticas fracasadas de casa presidencial que solamente han servido para enfrentar y empobrecer a la ciudadanía. Farsas y errores políticos con alto costo para el desarrollo, proyectos quiméricos para efectuar las consabidas *"compras directas"*, disfraces ideológicos para desinformar, peroratas incoherentes, incompetencia, corrupción, empobrecimiento, oscuridad y un poder ciudadano fracasado que la única vez que se ha reunido sin activistas fue para despotricar contra el mismo gobierno en el caso de Toncontín.

A la fecha, con los traspiés en el asunto del aeropuerto se terminó la indulgencia popular de creer que los malos eran los asesores o los ministros, sino, ahora nadie duda que es el propio Presidente el que fallaba y se siente el temor por los sinsabores que aún tenemos que sobrellevar en los numerosos meses de desorden y malanoche presidencial que aún nos queda soportar.

Aunque podría ser tarde, el Presidente está obligado a *"poner las barbas en remojo"* y tratar de rescatar alguna credibilidad para su persona y su partido. Sin embargo al final, los que quedemos parados, seremos implacables en calificar al Presidente de uno de los gobiernos más descompuestos, dañinos y sombríos en los últimos cien años de aventura política de esta pobre nación.

Nos vemos en el Estadio.

Br. Mauricio Babilonia.

Cerro Juanalainez (desde aquí se ve tu grama)
San Miguel y Heredia (Villa sin ferrocarril, tranvía ni aeropuerto)

Don Adán.

Enero 21 de 2008

Un saludo, le envío mi comentario sobre el Gabinete esperando que gentilmente lo publique para calmar mi conciencia ciudadana. Muchas gracias.

Mauricio Babilonia.

No fue publicado por el diario

Un gabinete zurcido

Las expectativas de un nuevo gabinete de gobierno fueron vanas. Juzgaría que el Presidente aún no desentraña que su posterior celebridad no dependerá de su sombrero o motocicleta sino que de lo que hoy forje su equipo de gobierno.

Hasta ahora solamente han sido los mismos funcionarios haciendo casi nada y tratando temas que no conocen. ¡Increíble!, todo patas arriba, abogados por doquier, juristas en asuntos de ingeniería, ejército, tecnología y vivienda, un periodista en Gobernación y un militar en la policía. Activistas peritos manejando fondos, un agrónomo en obras públicas, un odontólogo en desarrollo rural, un veterinario en la banca, el de Ambiente para Trabajo, el de Trabajo a Energía sin saber la diferencia entre una luz blanca y una amarilla y un laboral para Cancillería. Nada encaja. De las barracas a la ENEE. De los oficios domésticos a las embajadas Un gabinete frankesteniano para golosina de la oposición, remendado con restos de los mismos burócratas inexpertos que brincan de puesto en puesto, de un oficio a otro, de quienes solamente obtendrá los mismos resultados insustanciales de hasta la fecha, sin valorar el Presidente de que de su demérito histórico dependerá de lo que realicen estos colaboradores.

De los cuantos que se agregaron nadie conoce y solamente la Doctora Palao añade expectativas, si es que no renuncia antes de seis meses estrangulada por las intrigas palaciegas de los demás cuarenta ministros flotantes que sin trabajo alguno ni cartera agasajan cotidianamente al mandatario. En contrasentido, descabezar a Gabriela Núñez quizás signifique perder el único punto de confianza de su grupo con los organismos de crédito internacional.

Concebirá el Presidente que ya no le queda tiempo para ejecutar y hasta ahora, en fin, lo único que ha ocurrido son buenos inviernos (como fue con Maduro) y un embajador en Cuba. No más, porque la matricula gratis ya era constitucional. Ni se bajó a los combustibles ni se habitó Mateo ni siquiera se aclaró lo del avión. No hay identidades ni placas ni transparencia ni seguridad. Tampoco funcionó la licitación ni se sistematizo el poder ciudadano, ni hubo más escuelas, ni becas, ni carreteras buenas, ni el corredor oriental, ni irrigación, ni biodiesel, ni hidroeléctricas, se cachimbeo al Canciller y ya concluyo la tregua y solamente restan dos años infernalmente politizados mientras la población ya no soporta el desbarajuste micro económico ni la estadística mentirosa del discurso *movimientista* gubernamental y, de no cambiar ahora, la silbatina al final del camino será estruendosa y la recordaran de por vida.

Mauricio Babilonia.

Cerró Juanalainez y Heredia. tropico2000@hotmail.com

Año 2007

Tribuna
DEL PUEBLO

Tribuna
DEL PUEBLO

¿Quiubo del Poder Ciudadano?

Inverosímil encuentro Mel-Fidel, llueva o relampaguee...

Don Adán.

Diciembre 16 de 2007

Ante todo una feliz navidad con sus compañeros de periódico.

Le comento que cuando vi que Fidel Castro Ruz escribía en Tribuna del Pueblo me hizo sentirme bien. Ahora le envío mi sarcasmo del momento, en espera que gentilmente lo publique antes de que pierda vigencia y tengamos otro escándalo diferente. Muchas gracias.

Mauricio Babilonia.

No fue publicado por el diario

¿Por qué no se callaron?

¡*Quijue*! ¡Sucedió en "estas honduras"! Chucos, chinos, notables, cholos y pachucos cayeron todos en la intriga.

Las tretas y maquinaciones políticas de los mañosos dirigentes públicos arrasan con justos, papos y desvencijados, desburruncandoles sus corceles y sus reinos, desfigurando sus virtudes, prestigios y apremios crepusculares.

El fútil affaire creado por el equipo de abogados notables (o de notables abogados), contratados por el gobierno con desayuno y todo para "dar luces jurídicas" a un Presidente carente de ellas, solamente valió para mostrar las uñas, o mejor dicho, alumbrar la punta de la madeja de la crisis política que se avecina.

¡Increíble! ¡Sólo aquí! Los notables que dan luces, con su denuncia apológica, osaron demandar a la Presidenta de la CSJ que se abstuviera de conocer de un caso sin exigirle a su correligionaria, esposa o nuera que también así lo hiciera. La inocente magistrada, sabiendo que el ánimo de la cuestión era más político que jurídico y que ella en particular penaba un grave conflicto de intereses, inocentemente se olvidó de su relación familiar con quienes había redactado el borrador de la nota que los demás se *desayunaron*.

Un consejo profuso de notables, ni vivos ni papos, ni liberales ni no, los unos arrastrando a los otros. Un arca de Pandora.

Mis queridos profesores. Don Buda tan madrugón como en los gobiernos militares, también el suegro de la cándida magistrada, además un ex desaparecido por el 3-16, un Velasco Velasco azulejo con sombrero jipijapa, algunos antiguos eruditos de la izquierda reinista "invisible" (del *wet-back)* y un par de fatuos patriarcales que todo mundo se pregunta que qué hacían allí. Y, para finalizar Don Mundo, que cuando le cerraron temprano el portón debió de aprovechar para quedarse afuera en vez de intentar de explicar lo inexplicable y tiznarse del marrón oficialista como comenta Raimundo y medio mundo...

Pero dicen que fue personal! Que ni fue intervención ni fue por la paga!

Ahora todos quieren renuncian al desayuno antes de la conferencia.

Con estos asesores Dios salve al ingeniero silvícola *magna cum laude, honoris causa*, y nos agarre a todos confesos en el Juanalainez...

Mauricio Babilonia.

Cerro Juanalainez y Heredia. tropico2000@hotmail.com

Don Adán. 2 de octubre de 2007

Le agradezco su atención a la presente nota para publicarla en la *Tribuna del pueblo.* Un saludo afectuoso.

Publicado en Tribuna del Pueblo el 9 de octubre de 2007

Inverosímil encuentro Mel-Fidel,
llueva o relampaguee...

Durante el presente gobierno nuestras relaciones diplomáticas con Cuba, particularmente con Fidel, de la índole que sean, deberán ser conducidas directamente por el Canciller Jiménez o por nuestro embajador en la Habana o hasta por algún otro personaje plenipotenciario enviado exprofeso, pero jamás por mismo Presidente Zelaya.

En la diplomacia actual es imperativo tener bien claro las afinidades ideológicas y a todas luces ambos presidentes encarnan ámbitos opuestos. O pertenecen al mismo bando, y ante cualquier introspección periodística el confuso affaire de Los Horcones es históricamente muy reciente y ubica a nuestro mandatario en una esfera de participación muy distante de la postura doctrinaria del Comandante Fidel.

Las diferencias son sustanciales. Fidel es un veterano y endiablado activista internacional que prosigue con su ahínco e exportar su revolución, como lo hizo hace 35 años al Valle del Guayape, aunque ahora en vez de guerrilleros y agitadores agrarios nos envíe médicos y profesores incompletos.

Sobre el Presidente Zelaya, aunque en su mocedad haya manifestado simpatía por alguna lectura revolucionaria o la música protesta, su estirpe, su apego y sus acciones no disimulan su pertenencia palmaria a la oligarquía rural conservadora del interior del país, y su estigma originado por aquel episodio en

197

el Centro Santa Clara no lo dejara desenvolverse con fluidez en el terreno socialista latinoamericano.

No es un asunto de que lo llamen "izquierdista" si sabemos que no lo es. Tampoco es el Papa y, aunque los tiempos han cambiado, diplomáticamente es aventurado para honduras que ambos se visiten sin motivo aparente, para estrecharse las manos y fotografiarse juntos, ante un periodismo continental despiadado y propenso a auscultar y criticar las posiciones políticas que provocan al Tío Sam y a su derecha globalizante. Incluso, lo peor, si Fidel exige de Aznar que aclare sobre sus confabulaciones en la Casa Blanca también podría eventualmente requerir de otro político confuso algunas justificaciones históricas.

Entonces, por pundonor ideológico, aunque el Presidente Zelaya se sienta inquieto por lo del "socialismo" del siglo actual, no debería de exponerse personalmente en la movediza aureola que circunda la Habana, sino que delegar el papel a sus funcionarios otrora *lumumbistas* y fruistas, quienes desde aquel entonces simpatizan con el castrismo caribeño y conocen de la alquimia isleña revolucionaria.

Mauricio Babilonia.

Cerro juanalainez.

Comentarios varios del público.

Don Mauricio:

Agradezca Ud. que le publican su carta, porque yo llevo ya mil cartas enviadas y no he visto ninguna publicada. Desde que el embajador gringo le ordeno a la Flakes que no publique nada en contra de los gringos se eliminó la tribuna de los pobres del internet. Aqui nos damos cuenta de todo, Honduras es chiquita y sabemos lo que se cocina en La Tribuna. Ahora es un diario gringo por si Ud. no lo sabía. Es censurado para que no se publique nada ofensivo a los gringos.

Espero que todo le vaya bien con sus mariposas amarillas.

26/9/2007

Don Mauricio:

los informes que tengo son altamente confiables de que la embajada gringa prohibió cualquier publicación ofensiva a sus intereses. Así fue que se eliminó EL BUZON que nos servía al menos como válvula de escape. No nos engañemos Honduras está bajo la bota. Vea lo que publica La Tribuna tambien en esta misma columna de que Mel Zelaya fue a humillarse a Washington a pedir permiso para usar Palmerola como pista de aterrizaje civil para Tegucigalpa. Le fue denegado el permiso y esto muy pocos lo saben. Que have Mel? Como todos los presidentes anteriores "cerrar el pico" y portarse humildemente.

Todos sabemos quién gobierna Honduras y esta repartido entre el FMI, el BM, y unos pocos países extranjeros. Le digo unos pocos porque asi es aunque el "grandote" es el que más domina.

Bueno don Mauricio, gracias por su atención. Le ruego me salude a El Coronel.

Atentamente,

Gabriel García M

3/10/2007

Don Adán.

24 de septiembre de 2007

Comentar con ironía es un acto fundamental ante tanta displicencia política. Un grano de arena en el ojo de los demás. Le agradezco su atención a la presente nota para publicarla en la *Tribuna del pueblo*. Un saludo afectuoso.

Mauricio Babilonia.

Publicado en Tribuna del Pueblo el 26 de septiembre de 2007

¿Quiubo del poder ciudadano?

El único bosquejo ideológico liberal en honduras para el siglo XXI es el traído y hamaqueado concepto del Poder Ciudadano, un planteamiento de campaña que aunque cautivó la simpatía popular el presente gobierno no ha podido concretar en lo más mínimo.

El PC es el poder comunal, un cuarto ejecutor de importancia paralelo a los poderes clásicos: ejecutivo, legislativo y judicial y que debió convertirse a este momento el foco programático y coejecutor de las políticas y planes del Partido Liberal en gobierno así como de la sociedad hondureña en general.

El Presidente y sus secuaces, de haber sido consecuentes con su propuesta, a los 100 días de gobierno debieron haber fundado una estructura de movilización social del Poder Ciudadano, un marco legal, institucional y político para la concientización, agrupación, delegación y movilización de la ciudadanía, organizándola en comunidades de interés para una amplia participación popular en asuntos prioritarios de seguridad, educación, salud, desastres, ambiente, participación política, producción, ordenamiento y el combate a la pobreza.

Pero no ocurrió nada, el planteamiento fue solamente demagogia irresponsable de algunos adeudos revolucionarios frustrados por el tiempo, por la edad, avalados por un CCEPL áspero, que plantearon hábilmente un proyecto renovador para conseguir el voto de una población joven ya cansada de tanto Poder democrático corrupto y con deseos de una mayor participación ciudadana.

Ya en el poder no les importo nada, la repartición, la improvisación, y el PC se convirtió en asambleas de chamberos que se transformaron en tertulias folklóricas para luego terminar en agobiantes concentracioncillas políticas, y así estamos ahora y han pasado dos años y ya no resta nada, solamente las lechuzas que comienzan a estrechar sus círculos de cacería.

Mauricio Babilonia.

Cerro Juanalainez (trecientas veces reforestado)
tropico2000@hotmail.com

Don Adán.

Julio 5 de 2007

Un saludo, le envío mi comentario sobre el Presidente esperando que gentilmente lo publique para cumplir con mi *primavera* con la conciencia ciudadana más relajada. Muchas gracias.

Mauricio Babilonia.

No fue publicado por el diario

Un llamado de atención

Aún en nuestra peculiar democracia cabe la potestad de poder llamar la atención a la autoridad electa cuando vemos que las cosas desmejoran y, si no se corrige, entonces tronamos todos.

La sociedad como el partido de gobierno, así como cualquier particular como yo, deberíamos de tener la forma para llamar la atención a un gobernante inficionado de poder que repetidamente pone en riesgo la potestad soberana del voto que se le ha confiado.

Nuestros gobernantes actuales, y no solo el Presidente sino todo el primer círculo que lo atiborra, han perdido desde temprano la compostura sensata y son acreedores de un llamado de atención. El entorno inmediato del Presidente está altamente contaminado, restándole la credibilidad como mandatario y el crédito de sus acciones por los diferentes sectores nacionales (de alfabetos pa'rriba).

Alrededor del Presidente, entre sus allegados, se multiplican todos los pecados capitales, veniales y mortales, y sociales y morales: asaltos, vejámenes, espionaje, despilfarro, abuso, patanería, adulación, borrachera, soberbia, corrupción, desconfianza, infidelidad, intriga y hasta crímenes confusos.

El Presidente en nuestro medio es demasiado visible y es preciso que se comporte como un "*buen padre de familia*", pero la imagen del actual está que se desburrunca (como diría Flores) ante los ojos de propios y extraños: Sus ministros (62) lo esquivan y los empleados bajan la cabeza, los correligionarios murmuran y se reprochan haber votado por él, los editorialistas se solazan, sus parientes desaparecieron, la población carcajea y la oposición y adversarios se mofan con la boca llena de críticas hoscas cuando el calendario de gobierno apenas está por la mitad de la gestión y los resultados y cumplimientos son mezquinos.

Entonces las fuerzas se mueven. Así es la democracia. Las autoridades del partido hacen los papos y se distancian porque el bosquejo del Poder Ciudadano se volvió una recitación lisonjera. Los funcionarios esquivan a su jefe antes de recibir una grosería oficial, lo del avión y lo de Mateo nunca se resolvió, tampoco lo de los diez lempiras al combustible; la salud, los caminos, la seguridad, la producción y el orden y son caos inigualables; las evaluaciones una broma de mal gusto, los frijoles como siempre, la transparencia sigue turbia, el espectáculo de los allegados es intolerable, los infecundos viajes a Washington y la Habana, el circo de Hondutel, la patanería en las grabaciones montesinescas, y hasta el ropaje charrasqueado del mandatario (facha de *cow boy*, chompa de motero y bufanda oscura en primavera) ridiculiza y no es bien visto ni por dios ni por el diablo.

Es un desengaño al concepto de Poder Ciudadano en manos del grupo que gobierna.

Los de los organismos internacionales y diplomáticos, en sus parrandas sabatinas, se ríen del mandatario, la prensa internacional es sarcástica con Honduras y los crímenes aumentan, cada vez más drogas y los Alcaldes de muchos lugares parecen carteles de narcóticos. Es necesario que el *Poder Ciudadano* le "llame la atención" al Presidente por sus desatinos y a mentada maña de la 4 Urna que más dolores de cabeza le traerá a él que a sus detractores....

"Murmura" dirán. Pues entonces murmuremos.

Mauricio Babilonia.

Cerro Juanalainez y Heredia.

Don Adán.

285 de abril de 2007

Un saludo, le envío mi comentario esperando que gentilmente lo publiquen Muchas gracias.

Mauricio Babilonia.

Publicado en Tribuna del Pueblo el 3 de mayo de 2007

¡No pues! Schweinfurt Apocalipto

No pues Her Schweinfurt (apellido tan difícil), si el infortunio actual no es producto de una contienda entre mayas contra Paracas, ni altiplánicos ni aztecas. Todos ellos tienen un calendario ingeniosísimo, indiscutible, pero que solamente sirve para cronometrar su fatal subdesarrollo.

Copan, Tiahuanaco, Tical, Machu Pichu o Pascua siempre contaron con un calendario inigualable. Pasaron siglos de somnolencia sin más que atisbar panza arriba todas las setenta mil noches de su atraso, viendo el cielo que se movía y clavando estacas para calcular cuando llegarían las lluvias, como el plan agrícola de Mel (el del barrio).

Los de otros lados: Vikingos, romanos, mesopotámicos, troyanos, moros y amarillos tienen un relajo de calendario: gregoriano, cristiano, judío, ortodoxo, árabe, bizantino o romano pero inventaron la rueda, el fuego, la pólvora, la brújula, los metales, el vino (a ver si tu tomas chicha?), las armas, el motor diésel, el orden, la democracia, las franquicias, a Freud y la maquinaria de cómo procesar el café, soldar, curar, dinamitar, vender bananos, transportar, asegurar, comercializar, consumir y registrar las marcas de lo que producen los indígenas orgullosos de su calendario que no sirve para el carajo.

Veras pues Schweinfurt (--------) que el asunto no era ponerse ver las estrellas. Cuando esculpían a 18 Conejo Davinchi tallaba la Pieta y cuando Pizarro engatusaba a Atahualpa y Cortes a Lempira Leonardo pintaba la Gioconda.

Allí está el punto mi querido Werner. No quien pudo hacer las cosas, ni quien las hiso primero, sino quien pudo ocuparlas para el desarrollo de sus comunidades y culturas.

Al diablo con Mel y su Apocalipto (deberías leer: "Ocaso del Imperio Emplumado" de Ernesto Bondy)

Allviedersen.

Mauricio Babilonia.

La pirámide del Juanalainez.

Don Adán.
Diario La Tribuna.
Marzo 20 de 2007
A ver si hoy supero la censura de Tribuna del Pueblo. Saludos.
Mauricio Babilonia.

Publicado en Tribuna del Pueblo el 20 de septiembre de 2007

LAS SIRENAS DEL VICEPRESIDENTE

En nuestro recorrer democrático, tan cansado y sombrío, se ha creado el puesto de Vicepresidencia para conformar la estructura jerárquica del Poder Ejecutivo. Sin embargo, como la plaza no contiene atribuciones, más que reemplazar al Presidente en su ausencia, el cargo es totalmente vacío y entrecortado y solamente adquiere magnitud cuando el Presidente perece o es arrebatado de la silla por una protesta generalizada

La Vicepresidencia no es de elección popular. Mas pareciera un puesto mercenario, que se compra al pre-candidato con el fin de figurar políticamente o para emplazar los propios negocios del interesado, aunque como son las cosas en Honduras al final es más fácil salir chamuscado que en caballo blanco.

En nuestra inestable institucionalización, el actual vicepresidente es el primero en ejercer y en padecer las consecuencias de la vaguedad constitucional del cargo. Tal vez fue un error estar ahí, en esta época, o una novatada política, que la complica al cometer sus propias sinrazones como dejarse nombrar *"Elvincito"* por la prensa, un diminutivo que significa "el hijo de don Elvin" (o *Elvinson*), así como alquilar su propia residencia para su propia oficina pública, así como contratar a su padre en un puesto que no puede desempeñar ni necesita y como anunciarse molestamente con tanto ulular de sirenas cada vez que se traslada por la ciudad.

Veremos, Sancho amigo, que nos trae de vicepresidentes la próxima campaña, aunque por seguro que dejara el puesto para disimular algunas reivindicaciones femeninas.

Mauricio Babilonia.

Cerro Juanalainez (desde aquí te veo)
tropico2000@hotmail.com

Don Adán Elvir.
Enero 2 de 2007
Le envío mi primera nota comenzando el ano. Espero me la publiquen porque el año que se fue me las purgaron todas. Feliz año nuevo.

Mauricio Babilonia.

No fue publicado por el diario

Evaluando a Kaliman

La modalidad de evaluar metódicamente a los funcionarios, para ver si siguen en funciones, es una maniobra política y personal de inesperados resultados para el Presidente, quien personalmente los escogió no hace siquiera un año para estos cargos.

Ya en la primera valoración uno de los aplazados, su gran "pana", insolente e blasfemo, le replicó que en su gobierno ni Kalimán podía ejecutar algo y, para exprimir toda la glándula, contó que tenía un amigo que siempre obtuvo buenas calificaciones y que ni siquiera conseguía chamba... y él si la había conseguido, y el presidente ni dijo ni pío.

Como que la evaluación es parte de un circo político que jamás concluye. Un espectáculo de redención montado para redirigir los yerros propios, desarmar al enemigo (colorado) y armar un contexto regente diferente, ojala que para beneficio del país y la pobrería nacional.

Como hará ahora el Señor Zelaya si la mayoría de sus sesenta y pico ministros son pésimos. Tanto los de cartel como los/las que nadie menciona. Entonces sus reflexiones para el Día de Reyes no deben ser como las del amigo Kalimán sino profundas y sabias porque ya perdimos un año, la cuarta parte de su periodo presidencial, y se augura que el postrer año y medio se ira también en politiquería, por lo que queda poco tiempo y para ejecutar correctamente en el Sector Público se requiere de personas con conocimientos, destreza y estabilidad que no existen entre los melistas.

A propósito: ¿Y el Poder Ciudadano?

Mauricio Babilonia.

Cerro Juanalainez, tropico2000@hotmail.com

Año 2006

Toma posesión Manuel Zelaya como Presidente.
No hubo comentarios de Mauricio Babilonia.

Año 2005

Año electoral.
No hubo comentarios de Mauricio Babilonia.

Año 2004

Opiniones

Tribuna

DEL PUEBLO

Un país de Corridos

Don Adán Elvir.
Dirección. Diario La Tribuna. Tegucigalpa, Honduras.
Julio 23 de 2004
Don Adán. Un gran saludo de su amigo Mauricio Babilonia deseándole a su familia los mejores parabienes. Le envió un parecer sobre el Gabinete que me corroe hace un tiempo, agradeciéndole que lo publicara en la Tribuna del Pueblo.
Atentamente. M. Babilonia
No fue publicado por el diario

EL GABINETE LIMÓN

En la experiencia política soportada por los hondureños jamás hubo un Gabinete de gobierno tan ácido, tan tozudo y
torpe como el de la actualidad. Aunque ha existido cualquier
tipo de ministros en los gobiernos pasados, buenos o malos,
campechanos o aparatosos, sin embargo, como los hondureños lo olvidamos todo, también los hemos olvidado a ellos
rápidamente. Tan sólo quedan algunos nombres grabados en
innumerables placas de proyectos fracasados y estructuras rui-
nosas, como memoria para cualquier tribunal revolucionario
que en la posteridad instale una guillotina en el parque de la
Merced.

Tal vez el gobierno de Azcona fue el que anduvo con los
peores ejemplares ministeriales y fue el que peor terminó, pero
al gobierno actual no hay quien le gane. A pesar de tener un
Gabinete ministerial tan numeroso y costoso, éste no ha podido con su obligación. Los amigos del Presidente no solamente
resultaron vanidosos y soberbios, sino que también incompe-
tentes y antes de asistirle lo están hundiendo, empeorando los
problemas sectoriales en vez de resolverlos.

El concepto general de la figura institucional del Gabinete
Ministerial, como instancia de gobierno antepuesta a la imagen del Presidente, se ha desacreditado por la incapacidad
imperante de los ministros, causando que los porrazos vayan

a dar directamente al Presidente, desvalorándose también la esbeltez de su cargo.

Aunque no todos son tan malos los principales si lo son, y se les reprocha como grupo. Inexpertos o incapaces, fatuos o pusilánimes, las frutas podridas contaminan el canasto llevándose de encuentro a reconocidos profesionales que participan en el Gabinete y que no tienen el arrojo de renunciar. A un año de las elecciones pareciera que ya es tarde para cambios y será, como nunca, que el actual Presidente tendrá que soportar de por vida el reproche popular de haber gobernado con el gabinete más incompetente, a todas luces agrio, de los últimos 100 años: Un Gabinete Limón.

Mauricio Babilonia.

Lomas del Juanalainez. Teguzgalpa y Heredia.
tropico2000@hotmail.com

Don Adán Elvir.
Diario La Tribuna.
Tegucigalpa, Honduras. Junio 7 de 2004

Adán. Le envió y envió mis comentarios para la columna Tribuna del Pueblo, utilizando el internet para ahorrarme el tráfico vehicular hasta sus oficinas. Sin embargo, ahora que la moda es la virtualidad, pareciera haber poco espacio para Mauricio Babilonia o los correos no son recibidos ¿Me dirá que debo hacer para comunicarme con sus lectores? ¿Ya leyó: "El vuelo de la reina", de Tomas Eloy Martínez?

Atentamente. M.Babilonia

Publicado en Tribuna del Pueblo el 10 de junio de 2004

Un país de corridos

Recientemente, La Tribuna dio la noticia sobre unos bebedores que se liaron a tiros como consecuencia de la última clasificación en futbol. Resumiéndola, era algo así;

Al sonar el gol, Julio saco su pistola y disparo a Vidal pero hirió a Marcelino. Al quererse escapar a Julio lo mató Vidal y enseguida, al huir éste lo alcanzó Anastasio, hermano de Julio, quien en venganza lo mató a machetazos, aunque antes de fallecer disparó su arma e hirió a su hechor.

Pareciera que vivimos la letra de algunos párrafos de canciones conocidas, en los que se dibujan nuestros escenarios violentos, tal vez compuestos haciendo merito a sucesos similares ocurridos en este ambiente mestizo de las cantinas caribe americanas.

De Bouffartique y Celia Cruz:

Zongo le dio a Borondongo, porque Borondongo le dio a Bernabé.

Bernabé le pego a Muchilanga porque al correr le dio a Burundanga, porque Burundanga le hincha los pies.

Y del Piporro:

Los dos sacaron pistola, se cruzaron los balazos. La gente corrió hecha bolas, seguían sonando plomazos, de pronto los dos cayeron haciendo cruz con sus brazos. Y borracho y cantinero, los dos se estaban muriendo, mariachis y cancioneros también salieron corriendo...

Si algún cantautor nuestro decidiera ponerle **música a las noticias delictivas cotidianas, lograríamos el más completo repertorio de corridos y epopeyas de nuestra afligida realidad.**

Mauricio Babilonia.

Lomas del Juanalainez. Teguzgalpa y Heredia.
tropico2000@hotmail.com

Don Adán Elvir.
Abril de 2004

Lo saludo, aunque protestando por el reparo de sus editores en incluir mis opiniones en la Tribuna del Pueblo, cuando comúnmente repiten a otros personajes, mientras en el último año no han publicado ninguno de mis comentarios. Atentamente.

Mauricio Babilonia

No fue publicado por el diario

LOS KAFATTI- KAFATTI- KAFATTI- KAFATTI

Los Kafatti Kafatti Kafatti Kafatti son personajes que los he llevado hasta en la sopa (y en el pocillo de café). Ya sea viviendo en el mismo barrio, o en el colegio, o en la misma iglesia, participando en la política, en negocios, en la vida social y económica, en las artes y la cultura, amigos y compañeros míos y de mis hijos y en cada aspecto de la vida en esta Honduras tan reducida.

El concepto que acumulamos sobre ellos es afectuoso, de gente sana, sonrientes, correctos y otras cualidades, sin embargo, por algún motivo que no nos incumbe, en los últimos meses pareciera que los Kafatti Kafatti Kafatti Kafatti han decidido destruir esa aura prestigiosa y demolerse mutuamente en una batalla pública, generacional o financiera, o ambas, que al final sin dudas dejara un pírrico ganador marginal, mientras sus amigos de las paginas sociales se atragantan con las sobras de su reputación decaída.

Me pregunto por qué sus amistades y vecinos tenemos que darnos cuenta de sus privacidades. Es qué no existe un mediador que les resuelva sin tener que desangrarse públicamente, sin irrespetar el sosiego social de los que los conocemos. Talvez un Meyerith, o busquen un Cardenal, o uno de esos notables que se visten de blanco y cobran viáticos para marchar por las causas nobles. O un amigo o familiar. Alguien que los ayude a resolver sus líos en privado para que los hijos y nietos no tengan que llevar la mancha inconsciente de la insensata batalla publica de sus predecesores.

Nosotros les deseamos lo mejor pero déjense ayudar.

Mauricio Babilonia.

Cerro Juanalainez
tropico2000@hotmail.com

Año 2003

Tribuna
DEL PUEBLO

Oiga "Presi", sobre las maras

Tribuna
DEL PUEBLO

Sedición y APROH II:
Aromas de tiempos pasados

Don Adán Elvir Flores.

Diario La Tribuna. Tegucigalpa, Honduras. Diciembre 16 de 2003

Don Adán. Feliz Navidad. Gracias por sus gentilezas en publicar algunos de mis comentarios durante este año que se va. Ya Mauricio Babilonia cumple una década de estar en la Tribuna del Pueblo.

Le adjunto un último comentario sobre la imagen presidencial, que dicen que resulto como un Televisor chino, que al tercer mes pierde la imagen. Le agradezco de antemano su publicación. Atentamente. Mauricio Babilonia

No fue publicado por el diario

UN PRESIDENTE DESMORONADO

El Presidente Maduro se pasó de verde esperanza a marrón fermentado, sin sazonar correctamente. Como si le hubieran echado bromuro. Ni siquiera lleva la mitad de la gestión y su notoriedad se derrumba visiblemente, sin querer darse cuenta (No hay peor ciego..., como diría Rosuco). Y esa antipatía no la invento yo, sino que se ve, se oye y se siente en todos los editoriales, ya sean de cachos o colorados, así como en la opinión de la población. —No me dejen sólo... —dice, porque su partido lo tiene huérfano, sus "colaboradores" se montan precipitados en otros barcos a la mitad del camino y sus más cércanos cortesanos, moscones y narcisos, le fingen simpatía en su cara cuando a sus espaldas esgrimen un doble discurso en los corillos políticos y sociales, comiéndoselo a pedazos. No decir de su propio formulismo familiar que anda medio descuajeringado.

Las áreas prioritarias de salud y educación andan en retroceso. Los trancazos de la gestión fiscal ya fracasaron en dos intentos sangrientos, y el tercero será carroña política de sus propios diputados. El proceso de seguridad se limita a la traída y llevada "ley anti-maras", una ley bumerang que funciona solamente con los tatuados, y a alguna misión antidroga que nos avisa oportunamente Míster Davis mientras otros miles de facinerosos embisten a la población impunemente.

Es menester que Don Maduro haga algo porque si fracasa perdemos todos. Primero, deberá ser más perspicaz, más humilde, y enterarse de lo que realmente sucede. Que no lo engañen con tanta cifra mentirosa. Debe salirse de donde equivocadamente lo han arrimado sus tecnócratas inexpertos, acercarse a las bases y rodearse de funcionarios más capaces.

Dos años más es mucho esperar. Azcona solo nos hizo hacer colas por gasolina las últimas semanas (y no hay cola que dure 100 años...), Callejas salió silbado y rechiflado, el Comandante Reina ovacionado y Flores se las arreglo bien. Recuerde que inmediatamente termine su periodo sus colaboradores desaparecerán, safuca, pinuca, al suave sólo los recordaran los fiscales y contralores cuando los persigan por ingenuos o corruptos. En la historia de este pobre pueblo marginado sólo quedara grabado su nombre como el ex Presidente Maduro, el de origen ajeno, casado en funciones con una forastera, y a continuación un calificativo histórico categórico como lo bueno que fue (ya no el mejor), o como el peor presidente del siglo XXI (o tercer milenio) ¡Mire usted Presidente! ¡Pilas!

Mauricio Babilonia.

Lomas del Juanalainez.
mbabilonia@hotmail.com

Don Adán Elvir Flores.
Diario La Tribuna. Tegucigalpa, Honduras.
Diciembre 6 de 2003
Don Adán. Feliz Navidad. A su regreso de China le envió
un comentario sobre la canción del Sapo Chimi chimi nique,
agradeciéndole antemano su publicación en la Tribuna del
Pueblo. Atentamente.

Mauricio Babilonia

No fue publicado por el diario

No es lo mismo "dominique nique nique" que "chimi chimi nique"...

Dominique nique nique es el estribillo de la canción de una monja cantora que cuenta de los pasos del Señor, mientras que *Chimi chimi nique* es una tonadilla, supuestamente hondureña, que describe a un batracio.

Hoy por hoy, en el nuevo plantel interactivo para los menores de "estas honduras", en el museo Chiminike (con K), el Sapo Chiminique se presenta como un logo, un personaje fabulado que pretende mostrarse de ejemplo simpático a los niños hondureños.

Según la canción que lo describe, el susodicho sapo es un animal que no tiene buen talante, por lo tanto es grotesco y desgarbado. Pero en su conversación, puede ser un Comandante, y entonces nos imaginamos la plática florida que podría tener un Comandante. Además, la canción canta que en el amor es experto, o sea un tunantillo, aunque su presencia siempre es grata. Que es enemigo del trabajo, muy bailarín y discreto, chimi chimi nique, chimi chimi nique...

Como verán, aunque la tonadilla es graciosa, el tal batracio no es precisamente un buen ejemplo para los menores. Más bien es un personaje feo, desaliñado, mal hablado, malandrincillo, parrandero y ladino. Talvez el prototipo de hondureño que tanto se ve por ahí, que únicamente aspira a ser conductor de taxi o agente de seguridad, el que chepe en los exámenes, o se la pasa de buhonero en calzoneta, sentado en una silla plástica diciéndole "*mmmacita*" a todas y cada una de las mamacitas que transitan por la peatonal. ¡Ya se me salió el chiminique!

Mauricio Babilonia.

Lomas del Juanalainez. mbabilonia@hotmail.com

Don Adán Elvir Flores.

Diario La Tribuna. Septiembre 16 de 2003

Don Adán. Le envió mi comentario como una manera de verme incluido en el mentado Dialogo Nacional, agradeciéndole antemano su publicación en la Tribuna del Pueblo. Mauricio Babilonia.

Publicado en Tribuna del Pueblo el 30 de septiembre de 2003

Diálogo de catrines

El llamado Gran Dialogo Nacional es un esfuerzo trilladí-simo, un escenario similar en cada gobierno que transcurre, financiado de buena fe por una agencia internacional. Salones de hoteles con café y pastelitos, adonde acuden los mismos de siempre, funcionarios catrines e intelectuales adversos, diri-gentes rancios y empleadillos mirrimiau, con las mangas arre-mangadas para parecer laboriosos, con las uñas esmaltadas y el cabello gelatinado, en poderosas maquinas que atiborran los estacionamientos.

Las interminables discusiones, en mesas sectoriales modera-das por un especialista infiltrado por el gobierno, abordan las mismas cuestiones irresueltas y empeoradas de los consensos anteriores. Se revisa la eterna problemática con su consabida solucionatica, para concluir en un documento final redactado por un grupo interesado, el que dará especial énfasis a la lista de participantes para avalar el mamotreto, y luego, las conclu-siones de una Honduras que todos deseamos, escritas por los mismos ilusos que se encuentran en un evento similar cada cuatro años.

En el dialogo, sobre las alfombras turquesa, no está el verda-dero actor nacional, el pueblo-pueblo, el pobre-pobre, ni chu-cos, ni pachuchos, ni los que sacan menos de 70%. Tampoco el vecino de las barriadas, ni los niños de doña Aguas, ni las maras, ni taxistas y ambulantes, ni siquiera las domesticas. Estará el líder político, emperifollado, pero no el activista. Asisten empresarios que viven en Miami y dirigentes vitalicios pero no los obreros, ni artistas, ni campechos sin tierra, ni los sin empleo.

Están los eternos viajeros de las ONG sociales pero no llegara la indiada, ni la madre abandonada, ni las putas, ni los mendigos, ni los sin casa, ni las víctimas y muertos de cada día. Los desdentados, tullidos, paralíticos, sidoticos, malhechores, analfabetas, incapaces y demás lumpen, no compartirán los almuerzos bufete. Yo no estoy en el dialogo, nadie me invito y no hay quien me represente.

¿Por qué un gobierno tan desamparado, hasta por su mismo partido, insiste en un aparatoso y tardío dialogo? La plenaria aprobara un documento con su plan de acción que nunca se ejecutara, tan solo para lavar las manos de los organizadores. Habrá que estar "ojo al Cristo", no vaya a ser que haya maña, que al final nos entrelineen los despropósitos en nombre del deslucido dialogo y nos veamos en un callejón sin salida.

El último gran dialogo, señor Presidente, fueron las pasadas elecciones y sus promesas electorales, y usted ya va por la mitad y seguimos dialogando.

Mauricio Babilonia.

Lomas del Juanalainez. La Capital. mbabilonia@hotmail.com

Don Adán Elvir Flores. Diario La Tribuna

Don Adán. Mis saludos a compañeros y familia. Le envió un comentario con una relación extra temporal de asuntos que estimulan mi ficción política. Le solicito, amablemente, un espacio en la Tribuna del Pueblo para su publicación. Agosto 28 de 2003. Mauricio Babilonia

Publicado en Tribuna del Pueblo el 28 de agosto de 2003

SEDICIÓN Y APROH II:
AROMAS DE TIEMPOS PASADOS

Veía y escuchaba en un noticiero a algunos protagonistas de la "madre de todas las marchas" y rememoré los años fríos de la guerra sucia. Iniciando los ochentas, cuando "mi General" ejecutaba los proyectos de seguridad del sombrío halcón Juan Demetrio Ennegrecete. Me intranquilice al oír al encargado del COHEP pronunciando el mismo discurso del gobierno, ver al dirigente popular denunciando intervención a la libre movilización y, entender del responsable de seguridad, la posibilidad de aplicar la ley "antimaras" a los protestones. ¡Si esa ley no es para eso! ¿O nos engañaron? Las mismas turbiedades de aquellos años. Si hasta los apellidos eran los mismos.

Veinte horas después, al concluir la marcha, un grupo peculiar arma la trifulca como si sabían a lo que iban. Después, nuestros fiscales y contralores, como los autómatas de antes, denuncian SEDICIÓN porque un grupo de vagos, menores y manchabravas, repiten un despelote que siempre ocurre en estos eventos, y el oficial de seguridad denuncia la intentona de subversión y de establecer un "Congreso Popular", a la ecuatoriana, dice, con ruptura del orden constitucional y sustitución de la autoridad. ¡Dios me valga!

No será que el gobierno necesita distraernos por la falta de un Mitch. O en realidad, favorecen las condiciones para que ocurra una etapa confusa, con los mismos subterfugios y desinformación de los 80s, cuando en nombre del orden y la patria nos encajaron la fatídica seguridad nacional que causo tanto sufrimiento, hasta el madrugón de los "héroes anónimos" (ver Tribuna del Pueblo 6 abril de 1998)

Recordemos que los miembros de la fenecida Aproh y muchos izquierdistas, actualmente se vinculan al congreso y las instituciones estatales. Que los empresarios y dirigentes populares son los mismos de antes, con los mismos resabios, unos con más plata y los otros igual de guevaristas-leninistas, solamente que más viejos, y presumo que entonces, el actual mandatario, como empresario asociado a las grandes familias regionales, también conocía de aquella aciaga empresa que dirigía "el General".

Otras señales de infortunio son el desarme a los honrados, ver a los empresarios mostrando su arsenal de guerra particular, saber de la existencia de grupos armados en las montañas y noticias de paramilitares activos, y desapariciones, y trasiego de armas, todo en medio de una cuasi guerrilla urbana de baja intensidad con las mentadas maras y persecuciones estatales por asociación "ilícita" y simbolismos corporales. Además, prospera la idea para la formación de un cuerpo de inteligencia, un 3-17 supongo, para proceder contra los "antisociales" así como la especie de otra base americana, dizque contra las drogas. Recordemos que en los USA, también están los mismos de antes que aquí hicieron escuela, solamente que a cargo de guerritas más hidrocarburos.

Será que andamos dando vueltas dentro de un círculo pequeño por falta de imaginación.

Mauricio Babilonia. *Cerro Juanalainez. Teguzgalpa y Heredia.*

Don Adán Elvir Flores.

Diario La Tribuna. Tegucigalpa. Agosto de 2003

Don Adán. Mis saludos a compañeros y familia. Le envió un comentario sobre mi ficción política. Le solicito, amablemente, un espacio en la Tribuna del Pueblo para su publicación. Atentamente. Mauricio Babilonia

Publicado en Tribuna del Pueblo el 28 de agosto de 2003

Oiga "presi", sobre las maras

En la fecha que los burócratas publiquen su decreto anti-mara, en la mera madrugada, sus batallones de Cobras, Tezones, Chepos y demás hierbas deberían de acordonar las marginales y peinar casa por casa, para agarrar a los mareros y meterlos al mamo. Sitiar la ciudad como durante los golpes. Un operativo desde la laguna del Pedregal hasta el Bule FFAA, otro del Cerro Grande hasta la Sexta, desde la Travesía hasta la "21 de Octubre", del Berrinche al Río Choluteca, de Los Laureles a la Primavera y otro en el sur desde el Anillo "Peri" hasta el Río Jacaleapa, —mire usted "Presi"—, y Amarateca, el Lolo y los barrios que sean necesarios, así como en JPS, Choluteca, la Ceiba, Juticalpa y Comayagua.

Primero se guardaran todos los sospechosos en el Estadio para identificarlos, ficharlos y clasificarlos por tipos. ¡Ciudad Mateo NO! No sean barbaros, que ahí hay un limitante ambiental-sanitario y las maras también defecan y van a hacer un feo por un bonito.

Los mareros Tipo "A", los irremisibles, conocidos criminales y cabecillas, enviarlos inmediatamente a las cárceles del país en grupos según corresponda. Los mareros Tipo "C", los rescatables, ya fichados se entregaran a sus familias según un pliego de condiciones y su conducta deberá ser garantizada por dos firmas: de un pariente y algún vecino honorable, como tutores avales. Si no hay quien firme, se convertirán en mareros Tipo "B". Si vuelven a caer, se "topa" a los garantes.

Los Tipo "B", son los de dudosa conducta y requerirán mayor investigación policial para determinar su final. Deberán ser guardados en las áreas de los batallones y someterse a programas de rehabilitación, ejecutando obras públicas y otras tareas forzadas de fácil control y vigilancia.

El ficheo los clasificara por zonas y las postas policiales darán el seguimiento del caso y el sitio durara lo necesario, hasta peinar de armas y angelitos todos los barrios afectados, así como para obtener la información y colaboración pertinente.

En los barrios clave, deberá apoyarse a una ONG o iglesia para que organice y asista a la comunidad en actividades preventivas y de vigilancia.

Mauricio Babilonia.

Corredor de la Muerte. Comayagüela y Heredia.
mbabilonia@hotmail.com

Don Adán Elvir.

Diario La Tribuna. Julio 21 de 2003

Don Adán. Mis saludos a usted y su familia.

Le envió para Tribuna del Pueblo un comentario sobre un aporte de don Wegner Schweinfurth, cuando nos cuenta de su insomnio. Le ruego me lo publique. Atentamente. Mauricio Babilonia.

Publicado en Tribuna del Pueblo el 27 de julio de 2003

No se desvele, don Schweinfurth

No es necesario que duerma mal ahora, don Werner, cuando se sentencia el asesinato de un paisano, si cuando lo mataron no lo hizo. Tampoco se desasosiegue si el fallo vino de afuera, de un tribunal internacional, que la justicia en estos tiempos también está "globalizada", sino tan sólo vea como gringos y catrachos de esta "joven" Republica andamos haciendo justicia en la Mesopotamia, —¡Mire usted, adonde se escribió el Código de Hammurabi!—, y no por eso dejamos de comer.

Nuestra "joven" Republica no es un estado cruel y asesino, sino que "papo" e indolente, irrespetuoso ante la vida y el derecho de las personas, por eso nos jalan las orejas desde afuera.

Somos cuasi salvajes, asesinamos para resolver una disputa o una diferencia de opinión. En vez de buscar un fallo de divorcio macheteamos a la mujer, no dirimimos sino nos descuartizamos con hachas para rajar leña (y criticamos al gringo que lo hace con sierra mecánica) y así seguiremos haciéndolo hasta que los jueces cuesten menos que los sicarios.

Esto lo vivimos todos Míster Wegner, sin que eso nos quite el sueño. Desde el Coronel hasta raso, del profesional al analfabeto, los vecinos urbanos y fueranos, ricos y pobres, todos matamos o somos muertos cotidianamente y alguien nos lo tiene que reclamar porque acá adentro "no se oye". Ya nos acostumbramos.

Nos asesinamos por tierras, por una gallina, por celos, por unos pocos dineros, por un trago, por una mala mirada, etcétera, mientras la justicia criolla solo muerde al "chuña", como dijo también un extranjero, y entonces, hay que ir a buscarla por afuera.

El Estado, jamás debió asesinar ni apañar la muerte de nadie, sea comunista, ambientalista, delincuente o comentarista, sin importar si la década fuera fría o caliente, perdida o encontrada. Si esto ocurrió y no nos horrorizo, no deberíamos ahora dar tumbos en la cama cuando alguien trata de hacer justicia por esos olvidados difuntos oficiales.

Duerma y coma bien Herr Schweinfurth. No se sienta violado. Más bien instruya a su ONG (la 5501) para que ejecute un programa "POR LA VIDA", pero no para despotricar contra los condones, sino para que no nos sigamos matando.

Mauricio Babilonia.

Cerro Juanalainez. Teguzgalpa y Heredia.

Don Adán Elvir.

Diario La Tribuna. Tegucigalpa, Honduras. Junio de 2003

Don Adán. Mis saludos. De regreso en mi país, solicitándole un espacio en la Tribuna del Pueblo para mi comentario o asociación critica entre las acacias y las acciones gubernamentales. Atentamente. Mauricio Babilonia.

No fue publicado por el diario

El llanto de las acacias

El precioso panorama de las acacias floridas en el país, durante el final de los calores, es una forma de la naturaleza de compensar tanto desconsuelo general que sufre el hondureño. Darle color al descontento.

De intensidad muy pocas veces visto, el presente año las acacias se vistieron todas, y completamente, de rojo, anaranjado o carmesí para compensar ese azul perverso de la actual administración, ese azulino amarillo que nos asola, ese añil verdoso que nos empobrece, ese negro mostaza y el desteñido berenjeno del gobierno del "Gabinete de los Gerentes".

El azafrán de los árboles, como nadie más canta, es en protesta por el incremento desmedido de la delincuencia y el crimen organizado. Es una acusación al color sangre de las ejecuciones pro-estado, una denuncia contra el campante desenfreno y una censura a la corrupción legalizada en las condonaciones y licitaciones a dedo. Un llanto en contra la incompetencia de una peña oligárquica que ocupo el aparato público, de tecnócratas inconscientes y funcionarios demagogos, exhibicionistas y facilistas que mienten, mienten, desinforman y siguen mintiendo para ver si por cansancio alguien les cree.

El púrpura de las acacias es un presagio a la sangre de nuestros nacionales en Bagdad, víctimas de un compromiso oscuro para cubrir las espaldas a los invasores de aquel territorio, aliviarles la conciencia y salvar a USA y España de la vindicta mundial por sus crímenes contra los pueblos, porque en nuestro gobierno, aunque porten credencial hondureña, los gobernantes tienen corazón canalero y peninsular.

La naturaleza se vistió flamboyán en ausencia de la más mínima oposición liberal. De escarlata, para recriminar a los colorados mudos su contubernio en el empobrecimiento de los hondureños y por otorgar la aprobación infame de un convenio para convertir el país en un refugio de criminales de guerra.

Hasta la naturaleza se contagió y del descontento, esta vez, las acacias atropellaron las fugaces jacarandas, con el propósito de motivar la reflexión de gobernantes y gobernados.

Mauricio Babilonia.

Cerro Juanalainez. Teguzgalpa y Heredia.
mbabilonia@hotmail.com

Don Adán Elvir.
Dirección. Diario La Tribuna. Tegucigalpa, Honduras.
Mayo 27 de 2003
Don Adán. Mis saludos. Luego de medio año dejándolo descansar, le envió un comentario sobre la boda real de los Asturias. Le agradecería que lo publicara en la Tribuna del Pueblo. Atentamente.
M.Babilonia.
No fue publicado por el diario

El vestido de Letizia

Acabamos de presenciar la boda de Su Majestad Letizia, otrora Letizia Ortiz, una periodista plebeya –como todos los periodistas– con un señoritingo de la nobleza española. Estuvimos al tanto de los pormenores, algo encantador, europeo, sin reservas, de los novios casi nos enteramos de todo, hasta de los medallones que se colgaría el príncipe en su destemplado empeño de casarse con traje militar y de las supuestas aventuras de ella, al posar sin ropa ante un artista mexicano. Pero nadie conocía el secreto mejor guardado: el diseño del vestido que usaría la cinco veces princesa consorte.

Todo hubiera sido como cuento de hadas, sino que, al momento de las nupcias, sorpresa: el vestido era bellísimo pero con todo y cola pesaba casi un quintal, un poco menos que el peso de la frágil princesa.

Al lacayo sastre, un tal modisto Pertegaz, se le ocurrió diseñar un pasmoso vestido que necesitaba de varias personas para poderlo remolcar? Toda una afrenta a la elegancia ¡Debió de terminar en el cepo!

El aludido ropaje no era manejable sino agotador, varias personas debían conjugarse para que la novia pudiera avanzar y, en vez de poner dos ordenanzas fuertes, dos bisoñitas más enclenques que ella pretendían aliviarla. Como el atuendo era pegado al cuerpo, a la consorte le costaba remolcarlo, su diseño no permitía que fuera arrastrado haciendo fuerza desde la nuca o los hombros como los bueyes o las novias normales, sino que debía de jalarlo con los pálidos muslos, a pisada corta, una por una, a cada paso, subiendo y bajando gradas, venciendo su desmedido peso y la fricción de las alfombras, llevándolo a cuestas durante la prolongada paseandera que exigía el protocolo, por lo que la dama terminó al borde de la fatiga.

Como consecuencia, lo que no imagino el longevo remendón, ocurrió que en la noche de bodas la princesa estaba extenuada, maltrecha, con las caderas macurcadas y punzadas en los muslos y pantorrillas (La princesa esta triste ¿Que tendrá la princesa?...), obligándose la intervención de Doña Hilaria Casilda de Viana, conocida curandera oriunda de Manzanares que habita por la calle del Rastro (y recomendada por el mero Rey), que ingresando por la puerta trasera a la alcoba real atendió las adoloridas piernas de la Princesa de Asturias con sobadas y fricciones de aceite de coyote, fortuna oportuna que reaviva la posibilidad de subsistencia de aquel linaje que se extingue.

Como diría Murphy: siempre hay un pelo en la sopa.

Mauricio Babilonia.

Lomas del Juanalainez. Tegucigalpa y Heredia.

Don Adán Elvir

Dirección Diario La Tribuna. Tegucigalpa, Honduras.
Para Tribuna del Pueblo por favor.
15 de mayo de 2003
No fue publicado por el diario

El gobierno de Maduro
parece que no madura

No sazona el gobierno delas gentes, ni el "Gabinete de Gerentes", ni parece que el propio presidente. Ya ni siquiera se viste como tal.

Para disimular la falta de sazón como que nos quieren madurar a golpes y con impuestos.

No hay experiencia ni tan solo imaginación.

Cerrar el año escolar ha sido una muestra de la gran irreverencia de los Gerentes. Un atropello social. Que dirán los pobres Scouts, tan "Siempre Listos", al escuchar tales blasfemias de boca de sus líderes de terracota en este pobre país de barro. ¡No se oye, Cardenal! ¿Dónde está que no se ve...?

Inexplicable porque desbordar tanta novatada si los Gerentes de Estado de ahora son los neoliberales de otrora. Aquellos "Chicagos" de antaño, que "Chi" se obraron en su momento y arrastraron a Callejas (el candidato más votado en nuestra vida democrática) a que realizara el peor gobierno jamás visto en "estas honduras" desde Cristóforo hasta el "Gallóforo". Aquellos neoliberales incapaces y corruptos, los mismos bienvestidos; los ciudadmateistas, que jugaron la pirámide, que vaciaron el Cajón y el Banco Central, reeducados en las aulas de los bancos regresan ahora como Gerentes globalizantes, mercantilistas y piensan cerrar el año escolar, entregar las empresas eléctricas a algún conocido, condonar las deudas de los ganaderos ricos, permutar a Lempira por Washington (*In God We Trust*) dolarizando el dolor, turismo con devaluación, reducir la pobreza matándonos de dengue y eliminar la violencia apaleando a los jóvenes de los barrios y a los estólidos cafetaleros.

La Misión: acortar el déficit fiscal ahondando la brecha social; reducir el gasto público incrementando el analfabetismo; luchar contra la pobreza reduciendo la riqueza y declarar emergencias para licitar a dedo, caerle a los fondos sociales para "mateizarlos"... Meta: empobrecer a todos con impuestos o "chachas" y estimular la intervención privada cuando de cada nueva medida del gobierno surge el negocio de un amigo de los círculos de poder...

¿Que pasara? Por cinco siglos tus hijos oyeron (...), y el pueblo que los eligió seguirá esperando, hasta que un día de gloria (...), despertando iracundo a la vida (...), tú también o mi patria..., de tu sueño servil y profundo (...), y en su debido momento reclamaran enseñando al mundo, como en Arequipa, Venezuela y Argentina, destruyendo el infame eslabón (...). Y de la épica hazaña en memoria (...), le cantaran al gobernante, antes que "pinte llantas" hacia sus ciudades del Canal o la Madre Patria (como un ave de negro plumaje...): Maduro, no maduraste. No maduraste, Maduro...

Tun tun.

Mauricio Babilonia.

Macro albergue Pablo VI

Lic. Adán Elvir Flores
Director Diario la Tribuna. Tegucigalpa, M.D.C.
Don Adán Elvir.
Dirección, Diario La Tribuna. Tegucigalpa. Marzo 25 de 2003
Don Adán. Mis saludos. Le agradezco un espacio en su periódico para comentar un hecho que leí tanto en su rotativo como en los diarios internacionales y que oriento hacia los valores de nuestra juventud organizada. Atentamente.

Mauricio Babilonia.

No fue publicado por el diario

UN SANDWICH MESIANICO, ¡AHORA UNA TORTILLA!

Me fascine al ver en la prensa extranjera una noticia sobre Honduras sin el sempiterno aire fatalista que nos distingue. Esta vez, un suceso de carácter asombroso, quimérico: "Un sándwich de 150 metros", decía el titular, prosiguiendo con una cuantificaron de las vastas cantidades de ingredientes que requirió el gigante gastronómico. Honduras en la noticia por un fiambre desmesurado.

Aunque irónico, el sándwich más largo en el país más hambriento de Latinoamérica, el insólito proyecto culinario contiene un inmenso mensaje: evidenciarnos de como una juventud con iniciativa puede realizar algo positivo, algo de gran magnitud, algo inusual.

Los Boy Scouts, una organización de corte forastero, de formato internacional pero con gran cariño nacional, muchachos que más estilan de entonar cantos del apartheid africano que del cancionero local −que preparan supra-sándwiches en vez de macro-pupusas o maxi-baleadas−, ahora nos demuestran a todos que si logramos ponernos de acuerdo para armar un emparedado de tal magnitud, también podríamos hacerlo para controlar el dengue, los incendios forestales, la suciedad... y tantos terribles males endémicos que nos aquejan por desordenados y desganados.

Ese sándwich descomunal es un testimonio de nuestro poderío, que opaca la gran lengua de la demagogia y el largo brazo de la mendicidad, por lo que debería de considerarse como un icono, un símbolo de la determinación de los jóvenes hondureños, un ejemplo de los innegables beneficios que nos pueden brindar el rigor y la organización.

A ver cuando preparamos la tortilla más grande de América, y le damos vuelta...

Turururururu. Turururururu. Turururururu... Que la culpa la tienes tú...

Mauricio Babilonia.

Juanalainez, Real Minas de Teguzgalpa y Heredia
mbabilonia@hotmail.com

Don Adán Elvir.

Diario La Tribuna. Tegucigalpa, Honduras. Marzo 11 de 2003

Don Adán. Mis saludos. Sigo probando conseguir un espacio en su periódico solicitándole que divulgue mi comentario sobre la atención a la clonación en el país. A ver si en esta pego. Atentamente. Mauricio Babilonia.

No fue publicado por el diario

PUES, MEJOR CLONÉMOSNOS!

Los titulares de la Tribuna (Internet) de ayer fueron una imagen real de nuestro país: <u>Arbitrario</u> traslado de directora de Inválidos...; Médicos <u>vuelven</u> hoy a atender...; Más de 2,000 personas <u>infectadas</u> con el "mal de Chagas" (cifra ridícula)..., Drástica <u>reducción</u> en exportaciones..., <u>Pirómanos</u> forestales...; <u>Desacuerdo</u> con suspensión temporal...; Médicos hondureños <u>mejor</u> pagados en C.A (¡Vaya, una buena!); Buscan suavizar <u>conflicto</u> en educación...; Aprobaran medidas <u>contra</u> "nicas"...; Productores de carne en <u>desventaja</u>...; A pura fiesta construirán un hospital para quemados...; Minería <u>sólo</u> deja fichitas...

Sin embargo, entre esas proverbiales referencias del contexto informativo, que desnudan nuestra fatalidad, es asombroso advertir el pasatiempo de las fuerzas sociales exhortando al Congreso que legisle en contra de la clonación.

La comisión de la juventud hondureña (la juventud oficial), los defensores de la familia, los agentes de la obra de dios y otras organizaciones se reunieron en un bonito hotel, entre réplicas de clásicos y lindo mobiliario, alejados de la de la incultura, Chagas, pobreza, desgobierno, huelgas, corrupción, incendios, escasez y las mil plagas cotidianas, bíblicas y paganas, que padece el resto de hondureños, para conciliar en contra de la clonación humana y solicitar al Parlamento que legisle, como en Bizancio, sobre este desarreglo genético.

Sin embargo, si lo prohibimos no aprovechamos sus ventajas. Supongan un laboratorio genético en Ojojona donde podamos clonar al "diputado del año" para integrar un Congreso con el mejor de sus miembros, repetido tantos curules hayan.

Clonaríamos también a Valle para llenar la CSJ. Clones de Cabañas para la administración pública y con réplicas de Morazán adecentaríamos las FFAA. ¡*Quijue*!, imaginémonos clones de Molina, de Villeda, de Valladares, de Rosa, de Velázquez, de Clementina Suarez y muchos otros clones de hombres y mujeres hondureñas de probada moral y capacidad para revitalizar la política, las artes, la literatura, la prensa y la docencia, Tal vez también unos clonecillos importados de empresarios y productores agrícolas, de economistas y banqueros, de científicos, para ministros, las autónomas, COHEP, UNAH, empresa privada y tantas deficientes organizaciones.

Clonaríamos a los ricachones para que no hubiera pobreza y a los Pro-Vida para que haya solo vida, —¡que hermoso!– Clonemos tantas veces queramos al nuevo San Escriba y colmemos con sus réplicas todos los púlpitos del país para escuchar su obra y evitar a los curitas y pastores descocados que aparecen por ahí...

¿Qué les parece? Quizás sería tan aburrido y mejor sigamos como estamos. Reuniéndonos en los hoteles para disertar contra la clonación, contra la piratería, contra la guerra y contra la nueva generación de virus del software. Que el Congreso legisle sobre el particular.

Mauricio Babilonia. *Teguzgalpa Virtual. mbabilonia@
hotmail.com*

Don Adán Elvir.

Diario La Tribuna. Tegucigalpa, Honduras. Enero 17 de 2003

Don Adán. Mis saludos. Que tenga un precioso año nuevo. Lo felicito por la nueva forma del periódico electrónico y le solicito que divulgue mi comentario sobre el primer año de gobierno. Ahí me veré en internet. Atentamente.

Mauricio Babilonia.

No fue publicado por el diario

Primer año: de camuleano a pasado

En su primer año, el "gobierno de los gerentes" "para las gentes", va de camuliano a rancio, de verde a pasado, sin madurar correctamente.

"*A la cábula, machicabula...*". Concluyo el año de arranque y ya dieron las doce, como La Cenicienta de Perrault, que vuelve a sus harapos mientras la carroza se convierte en calabaza. Al votante iluso no le ajusta el sueldo, perdió sus ahorros con los robabancos y los rateros le dejaron "hule". Terminó el embrujo del discurso, del apantalle de la nueva imagen, del episodio nupcial y de las promesas inexpertas. Ahora comienza un siguiente año de lo mismo de ayer, de lo mismo del siglo pasado, pero nos agarra más deteriorados, más pobres, con menos dientes, erosionados y con carencias, llenos del desamor que causa la impotencia pero con más más impuestos, mayor delincuencia y politiquería, demagogia, corrupción e incompetencia. Mejor vuelva a comenzar señor Presidente. Tal como cuando uno tiene que salirse del salón y regresar diciendo de nuevo: "buenos días". Buenos días de nuevo, y modifique su derredor, cambie algunos de esos cortesanos suyos, bisoños y boquisueltos, por gente más seria y competente, más efectiva, verbigracia, que aunque el Plan educativo sea lo mejor que usted haya visto en su vida –¡seguro, pues!–, jamás podrá aterrizarlo si su ejecutante, aunque parezca un buen hombre, este tan deslucido en el sector.

Que heredo los mil embrollos de "estas honduras" que los sarracenos quieren cambiar de nombre, los líos consuetudinarios, ya lo sabemos, pero no nos lo vuelva a contar que los vivimos día a día. Resuelva aunque *seya* algunos, mire usted, pero que el gobierno haga algo fructuoso. Porque en la calle, cachos y colorados, ricos y pobres, por donde pregunte, andan perplejos por la inmovilidad del "gobierno de los gerentes". Solo le ven comadreo, malabarismo, pretensiones, aleluyas, cifras mágicas y petulancia. Mucha hoja y poco tamal. Atrás quedaron perdidos los más importantes primeros cien días del estratega, cuando se tira a la yugular, cuando todo era lozano y había esperanzas. Ahora transcurrió un año y lo que debió camulearse parece que se pasó, quedando únicamente sinsabores y una que otra cachimbeada a unos cuantos mareros y cafetaleros. De verde nos traen madurando a sopapos y ya empezamos a estropearnos. Vea usted, señor Presidente, no terminemos descompuestos y nos pasamos a podridos. "…. *bibiri-babiri-bu*".

Mauricio Babilonia.

Teguzgalpa. Republica Morazanista de Honduras (nuevo nombre).
mbabilonia@hotmail.com

Año 2002

Toma posesión Ricardo Maduro como Presidente.

Don Adán Elvir

Dirección Diario La Tribuna. Tegucigalpa, Honduras. Octubre 30 de 2002

Don Adán. Mis saludos. Le solicito que divulgue mi comentario sobre La Verja legislativa, icono de nuestra desesperación. Le agradezco anticipadamente.

Mauricio Babilonia.

No fue publicado por el diario

Somos "la verja"

¡Lo que nos pasa! Andaba por el exterior y busque en internet los periódicos electrónicos de "*estas honduras*" y la noticia principal era una tal Verja.

Que la ponían, que la quitaban y que la volvían a poner. ¿A que la desmantelan? ¿A qué no? Es que hay una "decisión férrea" del Presidente a que la pongan más fuerte. Pucha, Congreso y pueblo macaneándose por La Verja, cachimbeados, presos y perseguidos, hasta que se llegó a un inusual pacto entre indígenas y criollos, para un Acuerdo de Apreciación y Administración Conjunta de la Verja Legislativa. ¡Wow, esto solo pasa en mi pueblo!

Según las otras noticias, las mundiales, nos comunicaban que por Sudamérica los nuevos candidatos políticos son ex coroneles, ex golpistas, ex comunistas y ex contras que ganan elecciones con alocuciones de combatir a la pobreza. Ya nadie quiere neoliberales ni privatizadores, solo mi "India Virgen" sigue dormida y vota por un empresario canalero y alcaldes cuyos discursos tan solo dicen de incremento a los impuestos.

Los otros indígenas y campesinos de América revientan contra el ALCA, contra los transgénicos, contra el abuso del derecho de propiedad intelectual y contra la guerra privada de Bush. Reclaman calidad de vida. Pero en mi país, los paupérrimos luchan contra La Verja.

Los agricultores del mundo combaten los subsidios para integrarse correctamente a un libre comercio, mientras que en Honduras" el Congreso legisla para condonar terratenientes.

En tanto que otras naciones legislan para asegurar los servicios sociales, acá, los de siempre, hacen sus leyes para repartirse de nuevo los ahorros de los jubilados construyendo más casas, con las empresas de los mismos funcionarios, como si lo de Ciudad Mateo no fuera una herida todavía abierta, pero las organizaciones cívicas de los misérrimos no permitirán una Verja más que los distancie de sus "padres de la patria" ¿Vea si no somos la Verja?

Y a lo mejor, la bendita Valla tan solo era para que no se confundieran los resistoleros con los diputados, o para adecentar ese Congreso tan chuco y desastroso, hediondo a orines, pero el *populorum* indigente se sintió ofendido y protesto en la plaza pública con toda su energía. Aunque mañana le suban al pan, al transporte, a la tortilla, a la educación, a las chachas y a todo lo básico, las organizaciones populosas protestaran por Colon y contra la indigna Verja legislativa. Serán muchos, oh Honduras, tus muertos, pero todos caerán con honor...

Ahora, quizás La Verja consensuada servirá para que chuchos, chucos y pachucos, pencos y patanes no se meen en los caites del Indio del Congolón, representado por ese adefesio de estatua que fueron a tirar en el Paraninfo los cuatro indios que aún quedan y sus líderes ladinos (Que si el Señor Lempira se viera en ese estado, los agarraría a flechazos).

A propósito, cuando será que el gobierno cobre al COPINH la estatua de Don Cristóbal, que estos bárbaros hicieron añicos hace pocos años. Habrá que hacer la gestión con su paisana, la Primera Dama, e instalar después al Almirante de la

Mar Océana tras otra Verja, seguro, para que no lo vuelvan a desburruncar.

Mauricio Babilonia.

Paraninfo Paraverjas, Teguzgalpa.
mbabilonia@hotmail.com

Don Adán Elvir
Dirección Diario La Tribuna. Tegucigalpa, Honduras.
Octubre 8 de 2002
Don Adán. Le escribo de nuevo solicitándole que divulgue mi comentario. Hace más de una década, cuando he opinado sobre asuntos de la iglesia poco me han publicado. Ahora, un nuevo siglo, no pude contenerme y le escribo sobre el nuevo santo, santo de tantas personas conocidas, pretendiendo que me lo publique. Mi agradecimiento anticipado. Su amigo.
Mauricio Babilonia.

No fue publicado por el diario

Santos, que estáis en los cielos...

...del matrimonio libradme. Rogaban otrora los penitentes universitarios, en su recorrido por la Calle Real de Comayagüela, cantando las letanías del Tornillo sin Fin, durante las fiestas paganas de los estudiantes.

Ahora, los tiempos han cambiado, y nuestro linaje se pasea por las colinas de Roma, de negro y vestido largo, celebrando las fiestas del último santo, Escrivá del Opus Dei.

Pero éste santo no es Francisco de Asís, el mendicante, ni Martín de Porras, el barrendero, ni mucho menos, sino que un santo para los opulentos e influyentes, un santo gestado entre dictadores y oligarcas, un santo burgués, con agenda de gobierno temporal, rancio y reaccionario, un santo de extrema derecha. ¡Válgame Dios!

Un hombre comprometido llevado a los altares. Un santo para santurrones de una secta socioeconómica que discrimina a la madre soltera, que adversa a la madre sola, que discrepa de la separación y del control conceptivo del desamor como opciones humanas. Una hermandad exclusiva que inclusive no consola, ni educa, ni sana a los hijos de esos pecados. Noveles clérigos y sacerdotisas particulares, a domicilio, que tan sólo atienden a los iluminados por un catecismo fundamentalista que solo los ricos pueden cumplir, que necesitan y comparten un Dios para encubrir sus hipocresías, flagelándose para atenuar lo de los mundanos, y al mismo tiempo menosprecian a los que más necesitan de la fe para apalear los pecados producto de las desgracias de su pobreza.

Allá, en la Plaza de San Pedro, se les vio "papeando" (viendo al Papa, digo), celebrando el *quinimil* santo del santoral vaticano, en el jolgorio de uno de los procesos de santificación menos transparentes en la historia de la devoción, precipitado y amañado, que ni siquiera respetó los procedimientos establecidos por los concilios, ni escucho a los *"abogados del diablo"* con los testimonios de las probables víctimas de la terrible dictadura Franquista, con la cual el ahora Santo compartía sus delirios y desmanes. La santificación más improvisada en la tradición de la iglesia, plagada de comentarios adversos por la espantosa influencia política y económica ejercida por los miembros de esa cofradía en los corrillos cortesanos de un Papa ya octogenario y enfermo.

Aunque a nosotros que más nos da. Si no existe virgen alguna, ni ángeles ni arcángeles, ni santos, ni tan siquiera San Judas Tadeo, patrón de las causas imposibles, que puedan sacarnos de *"estas honduras"*, este infierno prematuro de miseria y oscurantismo, esta *"Opus Diablus"*, el más cruel de los círculos de Dante, una sociedad más atraída por Haití que por el buen suceso, donde la magnificencia de la pobreza y la ignorancia, tanto material como espiritual, campea por doquier, aún entre esas gentes de Balaguer que dicen ver a Dios en su cotidianidad monástica y elitista, que siempre han gobernado, y que ahora se pasean por las vegas del Tíber para celebrar a sus santos e ídolos de barro.

Santos que estáis en los cielos, del desamparo librarnos..., seguiremos cantando, sea frente al Vaticano o frente al Paraninfo del parque de La Merced.

Mauricio Babilonia.

El Trastevere, de Marome. mbabilonia@hotmail.com

Don Adán Elvir

Dirección de Diario La Tribuna. Tegucigalpa, Honduras. Set 12 de 2002

Don Adán. Le agradezco el haberme publicado mi artículo anterior. Otra idea sobre lo que hará la próxima Primera Dama se quedó en el tintero y ahora la envío solicitándole su publicación el tan prestigioso diario. Me parece un aporte necesario.

Mi agrado de antemano. Atentamente.

No fue publicado por el diario

De un plan para aguas santas, y un consejo

La señorita Aguas Santas, futura Primera Dama española de Honduras desde 1821, cuando estas indias se liberaron de la reina María Josefa Amalia de Sajonia ("la inapetente"), de aquellos tiempos, como prometida del primer presidente panameño de Honduras desde las aspiraciones de William Walker (¿será posible?), precisara, os aseguro, de un Plan de Trabajo digno de verse, y un consejo.

Expuesta la necesidad, y haciendo propia la angustia del *populorun* desde que los actuales "Gerentes de Estado", investidos por su "media naranja", no conocen de planes ni programas —cosas de comunistas— dicen que dicen, entonces me permito recomendaos un plan tentativo para que antes de tus esponsales con el sobredicho Presidente, vayáis viendo con serenidad el desbarajuste en que estáis adentrando.

Qué que os quiero decir, mi señora, pues que no habiendo nada escrito, de muchas partes os llegaran con una y mil actividades que no podrás facer, ni la una ni las mil. De por seguro os atarantaran con lo mismo que otras Primeras Damas osaron, más fracasaron por ostentar con boca inmensa sin percatarse de su galillo estrecho.

No dejéis que os acosen con finiquitar el sida, el cáncer, la tisis, los dengues y demás plagas en éste país de enfermos, porque no avanzarais ni una pizca en su salud. Tampoco os ocurra luchar contra la pobreza y amén de azotes sociales en un reino de indolentes desharrapados, con enmiendos y remiendos por todos esos caminos, ya que deambularas sin sentido intentando al unísono resolver miserias de gentes, de ambientes, de género y vejez, de lisiados y viciados, teletones y arbolitos y tantas cosas que muchas tantearon y naufragaron.

El "Plan Babilonia" es holgado, cuida tan solo por abarcar dos propósitos muy humanos: los niños y la mujer madre. Lo uno encaminado a rescatar los "niños callejeros" y a universalizar la "merienda infantil", mientras para la madre te enfocas en combatir la violencia contra ella y a establecer guarderías. Aclaro sobre "merienda infantil", y no tan solo "escolar", pues mientras no desburrunquen al ministro Perencejo, no obtendrás laureles en este fin.

Veras, ¡válgame Dios!, os lo repito, simplemente niños y madres. Con cobijo, alimentación, seguridad y respeto, y os ira bien. Si os enchiboláis con harta cosa, os ira malo.

Los temas que os doy, de primacía y vocación universal, facilitaran para vos una agenda simpática, alejada del pernicioso bullicio político y del provincialismo Lempirista, —ojo al Cristo— que no os quitaran un ojo de encima. Asimismo, son asuntos amigables a las entidades y sociedad internacional, de la cual provenís, cuyo soporte os relajara y será de gran valor a estos desamparados.

Que os ayuden los clubes de Babel de las diplomáticas tan sensibles para los tentempiés, o las floricultoras que amorosamente cultivan sus macetas, las santurronas que imploran a su beatífico, las candidatas y tantas otras que pasean por revistas y periódicos, para que cimienten algo por los niños errabundos y las mujeres desatendidas (esos muchos que acusáis sin razón viendo que sois la ocasión de lo mucho que juzgáis...). Envuelve además en la aventura a las hijastras, parientes y amigos, alcaldes, sociedad civil, embajadas, bancos, prensa, empresarios, gremios profesionales, educadores y a la juventud de los partidos que pasan de remolones, que los temas son harto nobles y cada disque ayudaran.

¡Pues bueno mujer, hazme caso! Ya conocerás de tu ex colonia, que como os presentáis flamante buscaran de verte traspiés, por lo que te adoso un consejo: conjunta en tu alianza tantas otras antecesoras Primeras Damas que por ahí merodean, de bermellón y de índigo, insinuándote yo a las más nombradas, las distinguidas doñas: Alejandrina Bermúdez, Norma de Callejas y María de Flores, de excelsa como de amplia y sensible experiencia, la una, la segunda y la tercera, que de las demás no recuerdo ni patronímico alguno, para que vayáis segura de lo que hacéis, sin confiarte de abundantes cortesanas de agora, que al haber sobrevenido "mapachinas", ni sapiencia usufructúan de lo piadoso ni sendero tienen trazado.

Mauricio Babilonia.

Real Minas de Miguel Alcalde de Teguzgalpa y Heredia
mbabilonia@hotmail.com

Don Adán Elvir. Agosto 7 de 2002

Don Adán. Hace más de un año que no escribía a su diario en busca de la publicación de mi comentario. Esta vez me han traído las Aguas. Me encantaría que lo agregara a su publicación en la WEB.

Cualquier eventualidad a mbabilonia@hotmail.com. Atentamente.

Publicado en Tribuna del Pueblo el 17 de agosto de 2002

AGUAS VAN, AGUAS VIENEN

Waterloo, Watergate, Withewaters..., como que a todos los gobernantes les llegan sus Aguas, y en "estas honduras" no tenía que ser diferente.

Nuestro peculiar país, con un semáforo para aviones, ya tiene un presidente panameño y ahora vivirá la fábula de una espectacular boda donde resultara una Primera Dama española. ¡*Quijue*!, este evento histórico no estaba en el Plan de gobierno de los Gerentes.

Pero bueno, el evento es oportunismo. La sociedad estará feliz, ocupados todos en los pormenores: el menú nupcial, las ceremonias, los vestidos de los novios, los invitados. ¿Quiénes serán los padrinos? ¿Qué le regalaremos? ¡Uy, los decorados! ¿La torta? Hay que mandar a traer los vestidos de Miami ¿O de NY, Houston o Panamá? ¿Qué dirá el monseñor? ¿El Opus Dei? ¿El *Opus Midnight*? Luego se acerca la fecha, ya solo faltan tantos días... Las parentelas arribando y las Comisiones de recibimiento, hospedándose en casas de amigos que tengan vehículos del año, o que los consigan prestados (¡No, del gobierno no!). ¡Hay que quedar bien! ¡El peinado, vos! ¡La bebida! ¿Dónde? La boda pintoresca entre pinos. ¡Que lindos! ¿Los casara el Alcalde que se quedó sin silla? Luego la luna de miel, ¿A dónde irán? ¿Cómo ira ella vestida? ¿Dónde vivirán? Fotos por aquí, videos por allá, felicitaciones, murmuraciones y toda la salsa de la vida en esta "india dormida" tan alegre y profana, mientras los periódicos descansan por un momento de los "temblores" y "pericones" que se toma un tal Almaguer donde "Títo aguacate" para quitarse la goma. (¡Bellezada!)

País primoroso. Y mientras al Presidente y a su Gabinete de Gerentes le llegan las Aguas, el populorum seguirá manteniéndose en canícula. Olvidémonos tantito del dengue por aguas estancadas del Gerente de Salud, del aguafiestas del Gerente de Educación por la pérdida escolar, de las sequías del Gerente de Agricultura, de la emergencia del Gerente de Acueductos, de Nicas licitándonos las aguas territoriales del Gerente Canciller, del agua al cuello por la inseguridad, de las inundaciones y de tantas penurias que resolverán algún día los tantos Gerentes y "panas sin cartera". Por mientras, entretengámonos con la farándula nupcial durante el primer año de gobierno, y entonces, quizás los Gerentes tendrán el chance para hacer experiencia y a lo mejor "arrancan" en el próximo verano.

Por de pronto (por si no me invitan a la boda, aunque si me invitaron a "la embajada"), felicitemos anticipadamente a don Ricardo por su matrimonio y a su dama Aguas, que sea bienvenida y también feliz. Que siga la fiesta.

Mauricio Babilonia.

Barrio Aguasterique. mbabilonia@hotmail.com

Año 2001

Año electoral.

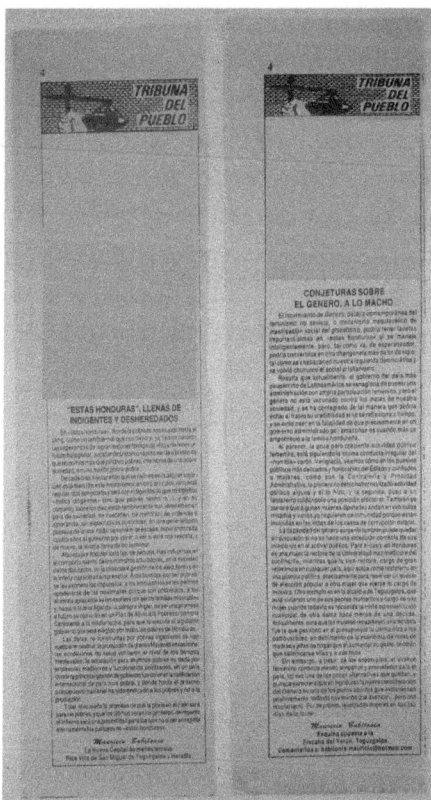

Don Adán.

Dirección Diario La Tribuna. Julio 12 de 2001

Le escribo por correo electrónico porque desde hace algún tiempo me encuentro muy lejos del terruño, solamente conectado a su "tribunahond" para informarme sobre lo que se sufre en "esas honduras". En 1992 usted me publicó un artículo sobre el mismo hecho y le agradeceré repita mi crítica en este otro momento político. Le solicitaría me confirme su publicación a babilonia_mauricio@hotmail.com para obtener una copia del ejemplar de la fecha. Atentamente.

No fue publicado por el diario

El derecho de la chifla y la rechifla

Hace ocho años, por este mismo tiempo, la Tribuna publicó un artículo titulado "Chifla y Rechifla" donde se reseñaba al Presidente Callejas sus errores por los que podía ser abucheado por la mara idiotizada del Estadio Nacional, al entregar su gobierno. Tal como se escribió, así paso, y Callejas tuvo que tragarse su soberbia al convertirse en el presidente más rechiflado del siglo pasado.

Luego llego Reina a la misma arena y paso muy bien la prueba, más bien fue ovacionado, Que bárbaro, ¡no hay gallo sin suerte! Mal augurio para su sucesor.

Ahora le toca a Flores, un presidente neurótico por su imagen, con mucho porvenir político, pero que se va del trono dejando al país altamente devaluado y misérrimo.

Flores, quien de por si lleva el estigma de la soledad, en el Estadio se sentirá más sólo que nunca y tendrá que aguantar el aguacero de abucheos dirigidos a los restos del gabinete que el mismo selecciono, el grupo de funcionarios más ordinario jamás visto en los últimos 100 años, compuesto por asalariados insignificantes, charlatanes y paracaidistas, con los que su gobierno perdió la oportunidad de cambio que la desgracia del Mitch nos abrió y que solo quedo en muchos viajes y videos.

El presidente tendrá que explicar por qué ofrecieron terminar con los "niños de la calle" y solamente les ajusto para regalarles mochilitas para que carguen sus miserias y sus resistoles, pero que sin embargo sí hubo para fundar una millonaria fundación con el nombre de su esposa, en español, imitando a Doña Norma cuando se puso a sembrar árboles "como Norma".

En el momento de la silbatina todos le voltearan la cara como si no lo conocieron. Diplomáticos, amigos, correligionarios, funcionarios y periodistas se plegaran al nuevo orden: "Muerto el Rey, viva el Rey", y Flores tendrá que explicar en su informe final sobre los múltiples planes fallidos, de su otrora Nueva Agenda, la Agenda Virgen, así como de su Reingeniería que no llego ni a re-albañilería, sobre el Plan de Emergencia, sobre el Plan de Reconstrucción, sobre el Plan de Combate a la Pobreza, muchísimos planes que solo incrementaron la miseria entre aquellos que ahora ejercerán su derecho al pataleo chiflando y rechiflando.

¿Retumbara la chiflancina en el estadio esta vez de nuevo?

Sin embargo, la desgracia del asunto es aceptar que a Callejas fuimos nosotros los que lo pusimos en el poder, así como a Flores, y al chiflarles y rechiflarles solamente estamos escupiendo para arriba y abucheando también contra nosotros mismos. Cuidado en las próximas elecciones, no vaya a ser que no podamos ejercer este derecho porque el marchante se nos escape a Panamá.

Mauricio Babilonia.

Cerro Juanalainez, Teguzgalpa y Heredia.
babilonia_mauricio@hotmail.com

Licenciado Adán Elvir Flores
Director de Diario La Tribuna
Tegucigalpa, 9 de marzo de 2001
Don Adán, espero se encuentre disfrutando de esta hermosa cuaresma. Le envió un artículo sobre nuestra costumbre de mentar y usar el nombre de Dios en nuestros actos mundanos, para su publicación en la Tribuna del Pueblo. Se lo envió por correo electrónico y por tierra por desconfiado que soy. Por favor pídale a su secretaria que me avise si funciona el Email y entonces lo usare más frecuente en el futuro. Gracias por su amabilidad.

Mauricio Babilonia. babilonia_mauricio@hotmail.com

No fue publicado por el diario

¡HAY DIOS! CUÁNTAS INSOLENCIAS COMETEMOS EN TU NOMBRE

Clamar por Dios, mencionarlo y mentarlo a ultranza, así como ponerlo como testigo de todo lo que hacemos, y de lo que no hacemos, y esto más, ponerlo como intermediario de nuestros descarríos, es hoy en día la cosa más común entre los pobladores de "estas honduras".

El empleado y el trabajador responden religiosamente que volverán el lunes a continuar su trabajo "si Dios quiere", y "Dios quiera que vuelvan" ruega el patrón, como si el supremo fuera el responsable de las irresponsabilidades laborales. Además, la fatalidad que nos embarga nos hace subestimarnos y mencionamos constantemente la frase "Dios mediante" para cualquier asunto que queremos realizar, dando la idea que sin la ayuda divina no podemos hacer ni la más mínima cosa.

Ya el descubridor, al que le desburruncaron la estatua, nos zampo el nombre del país en el nombre de Dios cuando agradeció al cielo por haber salido de "estas honduras", desgraciándonos *per sécula seculorum*, y luego los conquistadores nos reventaron la madre también en el nombre de Dios, y ahora, los políticos vivarachos claman a Dios constantemente en sus alocuciones mientras que el *populorum* papo vota por ellos "confiando en Dios" de que esta vez van a ser mejores.

Los mismos liberales, que en teoría son los que más alejados de Dios deberían de estar —digo por su ideología enciclopedista—, mencionan a Dios en todas sus peroratas, y ahora hasta inician los actos oficiales con una plegaria al creador, mientras el propio presidente de la república, en una muestra de impotencia ejecutiva, concluye sus discursos encomendando la patria a la mano de Dios y rogando que este se apiade de sus súbditos. Que Dios nos agarre confesados.

Como la presencia de Dios aparentemente "lava" de las inmoralidades ante los ojos ajenos, cantidad de corruptos compulsivos asisten muy catrines a las misas dominicales a punpunearse los pechos frente a sus deidades, mientras otros van a los cultos donde la mención reiterada del nombre de Dios pareciera que los "limpiara" de sus desvergüenzas, dando limosnas y diezmos por doquier para mantener operando los templos de esos dioses, con vírgenes o sin vírgenes, donde durante varias fechas al año se exhiben a los funcionarios y políticos aviesos recibiendo la eucaristía o la palabra de Dios ante el altar, y ante el Cardenal o el Pastor, pero por seguro que ante las cámaras fotográficas, y si ese Dios en realidad los viera "por diosito" que inmediatamente les lanzaría un rayo en sus molleras.

Los militares no se quedan atrás y también andan "a la mano de Dios" para expiar sus desbarajustes. Sino, recordemos a "mi general" Álvarez, "que de Dios goce", cuando volvió de Miami con una Biblia en el sobaco (*bajo el brazo' hombe, nosia penco*), testimoniando como, en el nombre de Dios, se desapareció a algunos comunistas, y ahora, el otro general, el "ex diplomático", el que inauguro el 3-16 —óigase bien—, que nos lo envía la "migra" también desde Miami, nos viene contando que ya recibió la palabra de Dios, y que él (Dios), le ayudara para explicar sobre los 800 millones desaparecidos, señalando que "Dios sabrá castigar" a sus detractores porque su cuaresma es solo una repetición de la del hijo de Dios. Dios no quiera que al final termine también crucificado en el Juanalainez, por igualado e irreverente.

Que Dios nos salve en estas "indias vírgenes", ¡Dios mío!

Mauricio Babilonia.

Bajos del Cristo del Picacho. Teguzgalpa y Heredia.
Cualquier comentario: babilonia_mauricio@hotmail.com

Licenciado Adán Elvir Flores
Director de Diario La Tribuna. 23 de enero de 2001
Don Adán, un sincero saludo. Le envió un pequeño artículo sobre nuestra grandeza para su publicación en la Tribuna del Pueblo. Gracias.
Publicado en Tribuna del Pueblo el 17 de febrero de 2001

"ESTAS HONDURAS" DE EXTRAVAGANCIAS Y ESTIGMAS

De repente, la "india virgen" que hermosa ha dormido y que según los entendidos requiere de hasta 100 años para igualar el desarrollo educativo de Costa Rica, se convierte en un paraíso mundial de cosas excepcionales.

Comenzando con nuestro Presidente, que al tercer año de gobierno ya fue declarado como el "más popular de la región", —¡Habrase visto!—, y con el año que le queda a lo mejor lo llevamos al pedestal del más popular del grupo hispanoamericano, —¿y por qué no?—, si además ya tenemos en nuestro haber al posible sucesor de Juan Pablo II, al "Monseñor de la condonación", y entonces, todos juntos con la Sociedad Civil, pediremos al novel Cardenal que cuando lo unjan Pontífice se haga llamar S.S. "Suyapo Primero" (Suyapo I, Suyapo One o Suyapo the First) en honor a nuestra patrona, la Virgen de Suyapa, para que todo mundo en el mundo se entere quienes somos.

Pero demás de personajes preeminentes, así como el traficante de ilegales más buscado en América, también tenemos otros superlativos nacionales, verbigracia, la "primera" Aldea Solar en Latinoamérica, en San Ramón Centro, diseñada para que los analfabetas rurales vean "mikis" (o micos) por Internet; y luego de ocupar el último lugar continental en energía, aun con El Cajón que es una de las presas de doble arco más altas del mundo, ahora nos desmamarrachamos montando la cuarta planta generadora operada con gas más grande del mundo, además de que estamos a un pelo de construir un Canal Seco interoceánico que ¡Dios mío!, sin parangón en el continente —y esto más— también instalaremos en Trujillo la más importante refinería del océano Atlántico, y en nuestros puertos construiremos gigantes plataformas hoteleras flotantes jamás vistas en el universo, precisamente cerca de Punta Caxinas, lugar donde hace cinco siglos se repartió la primera eucaristía del nuevo mundo.

También nuestra miseria atávica es fascinante, el estado más menesteroso y atrasado de América latina, donde ya no sale ni "la Chula", calificado como altamente endeudada y sin opciones económicas, de lo más "pobre-pobre" del mundo indigente, pero con una super Ministra de Finanzas galardonada internacionalmente, una nación donde las fatalidades nos hacen aterrizar en una "capital del turismo" bacheada y parchada que no posee ni aeropuerto pero cuenta con un semáforo para aviones, y los puentes de la re-construcción se *re-desburruncan* a los tres meses de instalados, en un país sin ferrocarril que incendiamos todos los veranos, donde las carreteras duran sólo cuatro años y se construyen dos, tres o cuatro aulas al día pero que nunca tienen ni pupitres, ni profesores, ni alumnos, en el que la mejor empresa de los empresarios es dedicarse a la política y en el cual, se paga la gasolina más cara de la galaxia.

¿Reflexiones para este país tan excepcional? ¡Pues no, que carajo!, no ve que yo vengo de familia colorada, o soy cachureco de ombligo, y ahora estamos preparándonos para las próximas elecciones, ¡hom!, ¿qué le pasa?, es que no sabe que "*no hay otro pueblo más macho/ que el pueblo Catracho/ del cual vengo yo*". ¡Mire usted!

Mauricio Babilonia. *Boulevard Suyapo Primero. Teguzgalpa y Heredia.*

Licenciado Adán Elvir Flores

Director de Diario La Tribuna.

Tegucigalpa. Honduras. 2 de febrero de 2001, día de La Candelaria.

Don Adán, le envió un comentario sobre un tema político tipo *"Reparto Arriba"*, tal como lo hubiera firmado hace unas décadas el comentarista *"Milarga"* (Don Miguel Lardizabal Galindo). Le ruego publicármelo en la columna Tribuna del Pueblo. Mauricio Babilonia.

No fue publicado por el diario

La alternabilidad como "*GANCHO*"

La alternabilidad en el mando de una nación es un principio básico de la democracia. La alternabilidad del partido y del mandatario es popularmente aceptado en nuestro medio y el Presidente Flores maneja esta tesis, y seguramente estará muy dispuesto para promoverla abiertamente o en la penumbra.

Sin decírnoslo, solamente intervino en el caso de Maduro para facilitar la existencia de una comisión que invariablemente terminaría en un dictamen altamente influenciado por un jurista extranjero y favorable al tal Maduro, porque todo el mundo sabe que cualquier cerebro extranjero es menos terco y fosilizado que los cerebros liberales que actuaron en ese caso, y desde esa fecha, ya el *populorum* cree que el Cachureco es hondureño.

Por otro lado, Flores es un político terminado porque ya solo le queda la opción de ser uno más del PARLACEN y volver a su soledad, porque ni pin-pon juega, ni pinta para un organismo internacional, ni para diplomático especial, ni para gran empresario, ni intelectual famoso, ni artista, y cuando el poder se va los amigos se van con él y solo le quedara la opción de ser un amoroso abuelo y administrar desde lejos sus empresas para las cuales ya tiene a los profesionales adecuados que las atiendan.

Así que a Flores solo le queda la opción de una reelección alterna a la presidencia, y este no es un pensamiento aislado de Mauricio Babilonia, que ni el placer tiene de conocer a don Carlos FF, sino que este ha de ser un pensamiento real de subsistencia política incrustado en su mollera megalomanizada, allá arriba, en ese limbo actitudinal de los que ya han lamido las mieles del poder, y entonces, para seguir teniendo un partido que lo sostenga, porque solo no lograría su propósito, a FF le conviene un canibalismo interno entre colorados que lleve a una derrota del partido en las próximas elecciones con lo cual se desburruncarían todos: PPP, Micheletti, Jaime, Mel, el Fulano y el Zutano, y entonces el re-uniría a sus "chanes" dentro del CN, el CCE, el periodismo y otros mercenarios y, como los Cachos y la sociedad van hacia una modificación más democrática de la Constitución, es casi seguro que se permitiría una reelección alterna y entonces lo tendríamos en dos años de nuevo candidateando, talvez contra Callejas (porque este pueblo es tan papo), y se le abrirían de nuevo las puertas de una posible segunda presidencia.

Total, el hombre se considera todavía joven (los "viejitos" son los detractores), cree en las cartas de Clinton y las expresiones de Iglesias, maneja a los periodistas divinamente, no tiene otra alternativa política y favorece la alternabilidad, por lo tanto es un gran candidato para una futura presidencia.

¡Escúcheme Profesor!

Mauricio Babilonia.

Cerro Juanalaines. Teguzgalpa y Heredia.

Licenciado Adán Elvir Flores.

Diario La Tribuna. Tegucigalpa, 29 de enero de 2001

Don Adán, le envió un comentario sobre el tema de la mujer en nuestro medio. Le ruego publicármelo en la columna Tribuna del Pueblo. Gracias.

Publicado en Tribuna del Pueblo el 31 de enero de 2001

CONJETURAS SOBRE EL GÉNERO, A LO MACHO

El movimiento de Género, batalla contemporánea del feminismo no sexista, o mecanismo maquiavélico de masificación social del globalismo, podría tener facetas importantísimas en "estas honduras" si se maneja inteligentemente, pero, tal como va, de esperanzador, podría convertirse en otra changoneta más de fin de siglo, tal como se chabacaneo nuestra izquierda democrática y se volvió churunco el social cristianismo.

Resulta que actualmente, el gobierno del país más paupérrimo de latino América se vanagloria de poseer una administración con amplia participación femenina, pero el género no está vacunado contra los males de nuestra sociedad, y se ha contagiado de tal manera que podría echar al trasto su credibilidad si no se reflexiona a tiempo, y se evita caer en la fatalidad de que precisamente en un gobierno administrado por amazonas es cuando más se empobreció a la familia hondureña.

Al parecer, la poca pero creciente actividad pública femenina, está siguiendo la misma conducta irregular del "horrible" varón. Verbigracia, veamos como en los puestos públicos más delicados y honorables del estado y confiados a mujeres, como son la Contraloría y Probidad Administrativa, la primera no debió haber realizado actividad política alguna y si lo hizo, y la segunda, puso a un testaferro cuidándole una posición electoral. También se conoce que algunas mujeres diputadas andan en vehículos robados y varias ya requieren de inmunidad porque están incluidas en las listas de los casos de corrupción estatal.

La capacidad del género surgente también puede quedar en discusión si no se hace una selección correcta de sus miembros en el activar público. Para el caso, en Honduras es una mujer la Rectora de la universidad más mediocre del continente, mientras que la vice Rectora, cargo de gran relevancia en cualquier país, aquí actúa como testaferro en una planilla política, precisamente para reservar un puesto de elección popular a otra mujer que ejerce el cargo de ministra. Otro ejemplo es en la alcaldía de Tegucigalpa, que está viviendo uno de sus peores momentos a cargo de una mujer cuando todavía se recuerda la triste administración municipal de otra dama hace menos de una década. Actualmente, para que las mujeres recapitulen, una ministra fue la que gestiono en el presupuesto la última alza a los combustibles, en detrimento de la economía de miles de madres y jefas de hogar que al aumentar su gasto, tendrán que sacrificarse ellas y a sus hijos.

Sin embargo, a pesar de los exabruptos, el avance femenino continua siendo simpático y prometedor para el país, talvez una de las pocas alternativas que quedan, y aunque pareciera que en Honduras la nueva consideración del Género es uno de los pocos asuntos que evolucionan positivamente, todavía hay mucho que avanzar…, pero con mucho tacto. Por de pronto, felicidades mujeres en sus 365 días de la mujer.

Mauricio Babilonia.

Esquina opuesta a la Fiscalía del Varón. Teguzgalpa.

Licenciado Adán Elvir Flores.

Director de Diario La Tribuna

Quito, 9 de enero de 2001

Don Adán, le envió un comentario sobre el tema de los pobres, tan usado por los poetas en nuestro medio. Le ruego publicármelo en la columna Tribuna del Pueblo. Gracias.

Publicado en Tribuna del Pueblo el 18 de enero de 2001

Pobres "estas honduras", llenas
de pobres y desheredados

En "estas honduras", donde la pobreza nos inundó hasta el alma, como un terrible mal que nos devora, ya hemos perdido las esperanzas de lograr mejores formas de
vida y de tener un futuro halagador, acostumbrándonos
rápidamente a la idea de que no somos más que pinches
pobres, miembros de una pobre sociedad, en una nación
pobre-pobre.

De cada diez hondureños que se reúnen en cualquier lugar: uno está bien (de este hablaremos en otro artículo),
otro esta regular, dos son pobres y seis son indigentes (lo
que no significa "indios dirigentes" sino que pobres hechos
m...), y en su conjunto, todos los diez están terriblemente
mal, viviendo en un país de suciedad, de desorden, de mentiras, de violencia e ignorancia, sin expectativas conocidas,
en una generalizada pobreza de la cual nadie se salva ni
escapa, esperando cada cuatro años al gobierno por venir,
a ver si este nos rescata, y de nuevo, la misma farsa de no
terminar.

Abunda por doquier todo tipo de penuria. Hay indigencia en el comportamiento de los ministros aduladores, en
la necedad de los diputados, en la miserable gestión de los
ejecutores y en la infeliz capacidad empresarial. A los taxistas, por ser pobres, se les exoneran los impuestos; a los

ambulantes se les permiten las peatonales por pobrecitos; a los alumnos aplazados se les exonera por ser de familias miserables y, hasta la Nueva Agenda, la siempre virgen, de ser una promesa a futuro se convirtió en un Plan de Alivio a la Pobreza, como la Cenicienta a la medianoche, para que lo ejecute el siguiente gobierno que será elegido por todos los pobres de Honduras.

Las obras, re-construidas por pobres ingenieros se han vuelto a re-destruir; la producción de granos Mayas es escasísima; la condiciones de salud volvieron al nivel de los tiempos medievales; la educación para alumnos pobres es dada por profesores mediocres y funcionarios politizados, en un país donde la principal gestión de gobierno fue obtener la calificación internacional de país más pobre, y donde hasta el próximo presupuesto nacional, ha sido dedicado a los pobres y no a la producción.

Los curas fueron los que comenzaron con el cuento ese de que Cristo era pobre, y que eso era bueno. Luego, cuando los otros países generaron su riqueza nosotros nos comimos la nuestra, cuando ellos formaron oligarquías nosotros fundamos partidos de pobres y le dejamos los bienes a los extranjeros, siempre guiados por gobernantes sencillos y 'humildes" que entre más pobres eran más próceres se hacían y más menesterosos nos volvíamos todos.

Pobres son ahora las feligresías y las homilías, los dirigentes y activistas, pobreza hay en la dirigencia obrera y campesina, y ahora, e futuro descansa en un proceso electoral más paupérrimo que jamás, plagado de testaferros y mercachifles de puestos, donde a los principales dirigentes no se les resalta por sus cualidades de inteligencia o tenacidad sino que por haber sido pobres, desmejorados y desheredados (humildes, dicen).

Total, si es cierta la promesa de que la gloria será para los pobres, y que los últimos serán los primeros, de repente el infierno será una posibilidad para los que no quieran repetir eternamente los paisajes de "estas honduras".

Mauricio Babilonia.

La Nueva Capital de menesterosos.
Rica Villa de San Miguel de Teguzgalpa y Heredia.
Comentarios al artículo: mbabilonia@hotmail.com

Sr. Nelson Fernández

Director Ejecutivo. **Diario La Prensa,** Honduras

Sr. Fernández. Ante todo un saludo afectivo y el deseo de muchos éxitos en sus labores.

Curioseando el Internet me encontré vuestra página de La Prensa y me agrado su contenido y presentación. Precisamente concluía un escrito sobre el nombre de nuestro país y su asociación con la realidad, una opinión casi ficción orientada a provocar reflexión sobre lo nacional, por lo que decidí enviársela y solicitarle que me la publique en su sección de OPINION, o donde crea conveniente. Agradezco de antemano su interés. Atentamente.

Mauricio Babilonia. Mbabilonia@hotmail.com

Articulo enviado a Diario La Prensa en 2001

Llamarse Honduras

Honduras, el plural de hondura, según la RAE, significa la profundidad material de una cosa o tratar de asuntos profundos y dificultosos.

Quien nos puso Honduras como nombre de país nos fregó. Nos jorobó. Como si nos hubiera hechizado.

Y entonces el país se quedó atrás. Quizás no por el nombre, pero algún influjo ha de tener y a algo hay que echarle la culpa. Tal vez el significado del vocablo nos maldijo porque las palabras tienen su propia magia. Lo que se llama diabólico es malo, lo que se nombra como excelso es bueno, Dios es divino y hondura es algo hondo, profundo, bajura, fosa o hueco.

Don Cristóforo, en 1502, cuando lo asusto el huracán, de por seguro no tuvo la intención de ponernos tal nombre. El solamente agradeció a Dios el haber salido de esas honduras, refiriéndose hipotéticamente al mal momento, no al lugar. Algún bruto después, uso la alusión en uno de esos mapas viejos y la fuimos aceptando al pie de la letra como referencia geográfica. Luego de tres siglos nadie se interesó en la cuestión hasta después de 1821, cuando Morazán o Ferrera debieron haber sido más clarividentes y proponer otro nombre al comenzar la Confederación o la República, pero no lo hicicron, tal vez porque en el ajetreo del entonces nadie reflexiono en el asunto y la profecía siguió su curso.

De las ex Repúblicas Unidas Guatemala viene de un término indígena, Nicaragua se origina por el nombre de un cacique, Costa Rica significa riqueza, El Salvador se refiere a Jesucristo y únicamente el nombre de Honduras se origina de un sustantivo peyorativo.

Y es así como el vaticinio del Almirante se cumple irremediablemente y todos los indicadores nos sitúan en la cola entre los países latinoamericanos.

Estamos en honduras, precipitados, sin poder salir. Solo honduras, profundidades, atraso, indigencia, ignorancia, ineptitud, descomposición y deterioro.

Habrá que volver a nacer como país. A lo mejor una revolución nominativa. Un país después del Mitch. Es necesario, ¡Oh Diógenes!, encontrar un caudillo que proponga un cambio de nombre que arrastre asimismo a un cambio de actitud.

Nuevos próceres tras otro nombre de país. Nuevos planes. Una nueva moral. Un país con un nombre que nos saque de las honduras y nos lleve a las llenuras, o hacia las alturas.

Mauricio Babilonia.

Tegucigalpa. Republica Morazanista de Ocotal (¡Wow!)

Año 2000

Año del cambio de siglo y de milenio.

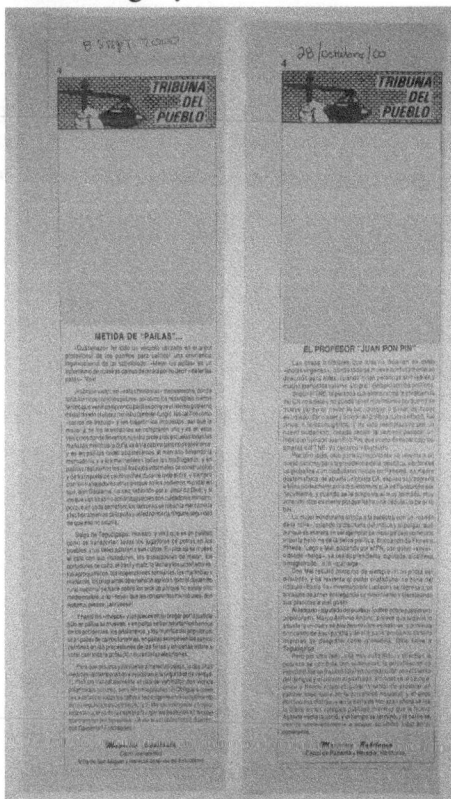

Licenciado Adán Elvir Flores.
Director de Diario La Tribuna
Tegucigalpa, 1 de diciembre de 2000
Don Adán, ¿cómo está? Felices navidades anticipadas por si no escribo más hasta entonces. Le envió un comentario político para su publicación en la Tribuna del Pueblo. Gracias por publicarme.
Publicado en Tribuna del Pueblo el 28 de diciembre de 2000

Pobre pueblo papo

El pobre pueblo de estas "indias vírgenes", que los cultos anteriormente lo calificábamos de "sencillo" y "humilde", ahora, con las mañas de la politiquería rustica, lo hemos descendido a la categoría de "papo", el pobre-pueblo-papo.

Los pobres-pobres del pueblo-pueblo, marcados con el color de ombligo (el *ius omblicus*) de los partidos tradicionales, luchan enconadamente para que sus líderes lleguen al poder sin percatarse que, en el fondo de la contienda, lo que verdaderamente existe es un ignominioso incesto político donde todos los luchadores son de la misma calaña y pertenecen al partido de "los de arriba", al de los "ricos-ricos". Mientras cachos y cheles se mal matan en barrios y aldeas, resulta que el tal Maduro es pariente de la Mejía, yerno con uno de los juristas y socio de un rumano…, que el tal Jorge Arturo es consuegro del Presidente, hermano del ex presidente, tío del hermano de Mel, pariente del otro jurista, becado vitalicio de la universidad y padre del socio de Arturito, el que al mismo tiempo es contratista y funcionario del gobierno del segundo y dueño del otro partido…, y que los otrora rabiosos ñangaras de la U. ahora son diputados de la Corriente del que otrora los metía en malacates…, y que los Ferrari, los Rivera, Hung, Sevilla, Handal, Gamero, Castillo, Facusé, Callejas, Villeda, Arévalo, Asfura, Valladares, López y demás familias de la jungla política se casan entre ellos, y algunos están metidos en el contrabando, la defraudación, el chinazo, el financierazo, el Mateazo, el pichetazo y los demás "azos", y que en las piñatas familiares en sus residencias se reparten las plazas públicas, los cargos de elección popular y los contratos de gobierno, mientras los puestos se heredan al hijo, al nieto o a la viuda, o se compran, y jamás se van a hacer daño mutuamente como lo hace el *populorum* diariamente en su lucha partidaria.

Cuando el pueblo vive su fatalidad de pobre-pobre, sus líderes, los vivos-vivos de todos los colores, forman los grupos económicos, banqueros y financieros para acumular pingües fortunas entre ellos. Todos son socios en las mismas empresas y se reparten a futuro la energía, la telefonía, el turismo, el transporte, las obras públicas, la abogacía, los suministros, bienes raíces y cualquier otro negocio, mientras sus poderosos parientes: árabes, criollos, rumanos, chinos y ladinos, colocan sus propios "chanes" de diputados y ministros dentro del tinglado político para hacer o burlar las leyes a su conveniencia, para concentrar los ahorros del populorum en instituciones que luego asaltan, y como ellos mismos son los que nombran a los policías jueces y fiscales nunca son castigados, y si alguien logra demandarlos, siempre poseen inmunidad porque igual se reparten para ellos las diputaciones, ministerios y embajadas, y todos son socios de los mismos clubes y se reúnen en las noches a compartir de la misma botella de licor..., y si alguien pregunta por la reconstrucción, hacemos el próximo viernes un seminario e invitamos a la "sociedad civil" a un almuerzo bufete.

Y el pobre-pueblo pasa distraído con un circo que lo mantiene desinformado, cada vez más papo-papo, soñando por sus convicciones políticas, y cuando se inquieta por lo que pasa entonces los cultos-cultos lo desinforman con un noticiero amañado, o lo ponen a ver una telenovela, o se forma una Comisión, o dan un partido de fútbol, o finalmente, le enchutan una cadena nacional con 212 fotos del mandatario y 13 de la primera dama, para que se haga más papo y vuelva a su miseria cotidiana con una camiseta o una banderita en la mano, mientras el rico-culto-vivo le organiza la nación.

Mauricio Babilonia.

Canal de Brasilia y Heredia, India Virgen.

Licenciado Adán Elvir Flores. 26 de octubre de 2000.

Diario La Tribuna. Don Adán, un sincero saludo. Le envió un comentario para su publicación en la Tribuna del Pueblo. Gracias por su amabilidad.

No fue publicado por el diario

Gautamada de tuza

Después de un tiempo de ver las ejecuciones del flamante ministro de seguridad empezamos a sentir sus iniciativas como parte del acostumbrado circo insensato de los funcionarios llamativos, que en su camino "espectacular" nos dejan más lagrimas que realizaciones.

Hasta ahora las medidas tomadas por el "*chepo*" Gautama respecto a las "pailas", los buses y sobre los taxis no han arreglado nada la situación y solo han servido para afectar más al *populorum populorum*, aumentando las dificultades históricas que la gente ha tenido para transportarse y encareciendo sustancialmente estos servicios que todo el mundo, menos Gautama, tienen que pagar todos los días, para toda la familia y por toda la vida. En lo que va, Ministro, en vez de hacer un bonito solo termino haciendo un feo.

Las otras distracciones de la gestión de seguridad, como dinamitar las pistas clandestinas, interrumpir algunos puntos ciegos fronterizos, "parlotear" sobre narco-negocios y capturar ilegales suramericanos, no son más que acciones para beneficiar a los Estados Unidos, que el gendarme Fonseca realiza para decir que se está haciendo algo y para cuidarle el "patio trasero" a los gringos, pero lo criticable es que lo hace con el poco presupuesto que tiene para cuidar a la ciudadanía, y la delincuencia se incrementa alarmantemente mientras él dice que la combate reformando las leyes que otrora el mismo aprobó.

En "estas honduras", la mayoría de los actos de la delincuencia organizada se ejecutan en vehículos con vidrios polarizados: asaltos, asesinatos, raptos, robos, violaciones, robo de vehículos, prostitución, contrabando, alcoholismo, corrupción, tráfico de drogas, armas, acosos, robo de menores, tráfico de ilegales, etc. se realizan tras el anonimato que dan las ventanas oscuras de innumerables vehículos sin placa ni identificación, pero el Ministro Gautama no puede hacer nada, y nos saldrá con la historia que son para protegerse de los rayos UV que se filtran por la capa de ozono, pero lo que pasa es que es impotente en controlar un asunto que atañe a los intereses del grupo al que pertenece porque perdería su beneplácito.

Para los próximos días ya se le ocurrió en un operativo para desarmar a la población, pero, ¿a quién desarmara?, sino solamente a la población correcta que tienen armas para cuidarse y protegerse, porque los delincuentes en centro América siempre van a tener y obtener sus armas para realizar sus fechorías, porque los delincuentes casi siempre son los mismos policías, y las medidas quedaran de nuevo solo como un bullicio fetichista para resaltar esa falsa reputación que le gusta hacerse de "funcionario heroico", talvez para una futura elección, aunque todo se consuma una vez más como una "llamarada de tuza" y se termine su único año de ministro haciéndose publicidad a costa de incomodar y empobrecer a la población y dejarla más desamparada.

Mauricio Babilonia.

Canal de Panamá y Heredia. Honduras.

Lic. Adán Elvir.
Director Diario la Tribuna
Tegucigalpa, Honduras. 22 de octubre del 2000
Don Adán: Un saludo muy atento y de nuevo le solicito publi-
car mis comentarios en "La tribuna del pueblo". Atentamente.
Publicado en Tribuna del Pueblo el 28 de octubre de 2000

El profesor "Juan Pon Pin"

Las cosas increíbles que todavía ocurren en estas "indias vírgenes", donde todo se mueve confusamente en dirección para atrás, cuando ni las personas son reales y mucho menos los valores. Un gran ejemplo son los políticos.

Según el TNE, la persona que ahora ocupa la presidencia del CN no existe y no puede tener movimiento porque no se mueve (*to be or never to be*), porque a pesar de haber estudiado, dar clases y activar en política nunca existió, fue virtual o fantasmagórico, y ha sido reemplazado por un nuevo ciudadano, creado recién la semana pasada, un individuo llamado *Juan Pon Pin*, que acaba de nacer bajo los amates del TNE, ya cacreco y bigotudo.

Por otro lado, otro partido importante se inventa a un nuevo nacional para la presidencia de la república, y entonces se globaliza a un ciudadano nacido en Panamá, de madre guatemalteca, de abuela unionista CA, esposa salvadoreña e hijos norteamericanos diciéndonos que es hondureño por nacimiento, y cuando se le pregunta al muy taimado, muy zorondo dice que es cierto porque tiene una cedula (*to be or to be*).

La mujer hondureña brinca a la palestra con un "candil de la calle", cuando la diputada del índice y el pulgar, que aunque se esmera en ser ejemplar se viene pa'bajo como una espuria heroína de la selva política, brincando de Flores a Pineda, luego a Mel, pasando por el PN, con quien *"seya"*, o donde *"haiga"*, ya sea de presidenta, diputada, alcaldesa o magistrado… o lo *"quihaiga"*.

Don Mel resulto como los de siempre, si no podía ser diferente, y se revienta al poder ciudadano, se burla del ridículo "Basta Ya" inventado por Lucio y se regresa a los arcaicos de antes entregando su movimiento y tijereteando sus planillas a mal gusto.

Al llamado diputado del pueblo (*pobre-pobre populorum-populorum*), Marco Antonio Andino, parece que todavía lo asusta la ciudad y se pierde entre los semáforos, y continua brincando de aquí pa'allá y de allá'paca, probando de todo mientras se desgrana como granadilla. Dios salve a Tegucigalpa.

Pero por otro lado, allá muy calladitos, y mientras la pobreza se combate con seminarios, la privatización de Hondutel fue un fracaso total en comparación con el triunfo del dengue y el crimen organizado, viniéndose al traste el único y tímido esfuerzo gubernamental de provocar un cambio importante en la actualidad nacional, y el circo político nos distrae, y en la tierra de Morazán ahora se lee la Biblia en los colegios públicos mientras que la Nueva Agenda nadie la abrió, y el tiempo se terminó, y la patria se desliza aceleradamente a ocupar su último lugar en el continente.

Mauricio Babilonia.

Canal de Panamá y Heredia, Honduras.

Licenciado Adán Elvir Flores

Director de Diario La Tribuna

Tegucigalpa, 13 de septiembre 2000

Don Adán, ¿cómo está? Felices fiestas patrias. Le envió un comentario político para su publicación en la Tribuna del Pueblo. Gracias por publicarme el artículo sobre "las pailas", lástima que era muy extenso y no se publicó completo, de todos modos parece que don Gautama tomó el consejo sobre los vidrios polarizados y pretende darle seguimiento.

No fue publicado por el diario

Mucho circo electorero y poco pan

En "estas honduras", donde el proceso electoral es cada vez más circense, los payasos, bufones, saltimbanquis, gitanos, lanza llamas, juglares, tramoyistas, magos, domadores, enanos y acróbatas se pasean por los listados electorales como por la pista de un circo, mostrando sus quebrantos ante un populacho apático y engañado que, acostumbrado a vivir en la sumisión de las verdades a medias, a veces los aplaude y a veces ni entiende, pero que al final igual elige a los cirqueros en los puestos de elección popular y en las posiciones públicas para que los gobiernen y los hagan reír eternamente.

El elenco es impresionante. Como por la puerta de Alcalá aquí pasa todo tipo de actores, desde un provinciano que imita a Fujimori, a Chávez y a Fox (y si los palestinos logran su independencia mañana se parecerá con Arafat), hasta un hechicero que cambia de nacionalidad dependiendo del negocio, pasando por todo tipo de candidatos: rubíes(as), vividores, hijos de papi, comunistas, mercaderes, semitas, longevos, invisibles, usureros, ministros, charlatanes, funcionarios, analfabetas, industriales, periodistas, militares, banqueros, camitas, artistas, vividores, empresarios, saltatapias, becados, gatos y peces gordos.

Las planillas son de plástico y subyugadas a la magia de los borradores. Las listas se estiran, se encogen y se voltean, de modo que los que hoy están mañana talvez no estarán, y otros nuevos equilibristas ocuparan sus puestos para asilarse en las inmunidades, desapareciendo o empujando a los anteriores hacia las posiciones donde se los comerán los leones.

Prestanombres descarados se contorsionan disfrazados ante el palco principal para burlar al Presidente, como si este fuera "papo", llenando de ignominia el proceso ante el exterior, sobresaliendo altos funcionarios arlequines de su gobierno que rellenan sus puestos hasta con nombres de sus propios hijos.

Que si los candidatos son parte de una propuesta de gobierno, o son honestos, o comparten la misma ideología, o son profesionales, o simplemente correctos —no importa—, porque los desfachatados dueños del circo sólo andan viendo como sus parientes también maman de la "teta pública", y venden las plazas a los grupos económicos para que coloquen sus juglares para hacer negocios, y entonces, en las planillas de "elección populacha" abundan los hijos, primos, esposas, queridas, amigotes, socios, empleados, mecenas, complotistas y compinches.

Hay de todo en el circo de la democracia nacional. Al final, unos comerán *baguete* y otros pedirán *falafe*, algunos comerán *mathze* y los demás *maíz*, pero el *populorum* que aplaude solo comerá cuando hay, y los del populorum-populorum no comerán nunca, ni tortillas ni pan, pero se sentirán contentos porque de esa mezcolanza que elijan saldrán las fórmulas de portentos que con una "Novísima Agenda Jubileo" gobernara al país más miserable y desordenado de la América latina en el primer periodo del nuevo siglo. Y entonces, "serán muchos Honduras tus muertos…" y ojala los dioses los agarren redimidos.

Mauricio Babilonia.
La Teguzgalpa de la Viuda.

Licenciado Adán Elvir Flores.
Director de Diario La Tribuna
Tegucigalpa, 4 del mes patrio del nuevo siglo.
Enhorabuena y saludes. Aunque la política esta buenísima decidí comentarle sobre la "nueva seguridad", así que le solicito me publique este mi artículo en la columna "Tribuna del Pueblo". Gracias.
Publicado en Tribuna del Pueblo el 8 de septiembre de 2000

Metida de pailas del primer "gautamazo"

"*Gautamazo*" ha sido un vocablo utilizado en el argot profesional de los pasillos para calificar una ocurrencia ingeniosísima de un sabelotodo. "Meter las pailas" es un eufemismo de nuestras damas de otrora por no decir "meter las patas. Vale.

El nuevo Ministro de Seguridad, parece que hace tiempo venia agobiado por colaborar acerca de la seguridad de las personas y acaba de salir excitadísimo con su primera y chispeante ocurrencia, la de prohibir el transporte de pasajeros en las pailas de los vehículos pick-up. ¡Don Carlos, por favor!

¡Habrase visto!, en "estas honduras" menesterosas, donde tanto los ricos como los pobres, así como los miserables, hemos tenido que venir comprando *pailitas* porque el mismo gobierno militar donde el ahora ministro también fungió, las calificó como "carros de trabajo" y les bajaron los impuestos, así que la mayoría de los marchantes se compraron una y es en esos vehículos donde llevamos nuestra prole a las escuelas todas las mañanas mientras la doña va en la cabina para no despeinarse, y es en *pailitas* como abastecemos al mercado llevando la mercadería y a los mercaderes todas las madrugadas, y en pailitas realizamos los mil trabajos informales de construcción y de transporte de cachivaches durante todo el día, y siempre con los trabajadores atrás porque no los podemos mandar en taxi, don Gautama, no sea sabiondo por el amor de

Dios, y si los que van atrás no son trabajadores son cuidadores Ministro, porque en cada semáforo los ladrones se roban la mercadería y las herramientas de la paila y usted no nos da ninguna seguridad de que eso no ocurra.

Salga de Tegucigalpa Ministro y vera que es en *pailitas* como se transportan todos los jugadores de potras en los pueblos, y los fieles asisten a sus cultos. En *pic-up* se mueve el café con sus cortadores, los trabajadores de melón, los cortadores de caña, el frijol y maíz, la leche y los ordeñadores, los agroquímicos, las inspecciones sanitarias, las marimbas y mariachis, los programas de extensión agrícola, todo el desarrollo rural nacional se hace sobre los pick-up porque no existe otro medio posible, a no "*seya*" que les compremos microbuses, don *Autama, please, ¡alirúsese!*

Honduras es el país que más pailas tiene en latino América. Más de la mitad de su flota activa que moviliza diariamente el 80 por ciento de la actividad económica y social del agro hondureño y el 40 por ciento del *pueblo-pueblo* en las ciudades son pailas. Y hasta los "*chepos*" y los jueces en su bregar por la justicia solo en pailas se mueven, y en pailas se transportan los heridos de los accidentes, los prisioneros, y los muertos del *populorum* usan pailas de carros fúnebres, en pailas se mueven los santos patrones en las procesiones de las ferias y en pailas asiste a votar casi toda la población durante las elecciones.

En Amapala y todas las islas de "estas honduras" absolutamente toda la actividad turística se realiza sobre *pailitas* porque no hay otro tipo de carros. Las ONG y proyectos del gobierno solo usan pailas para su labor humanitaria. Toda la reconstrucción de viviendas, alimentos por trabajo, programas de nutrición, vacunación, FHIS, letrinización y todo lo que se mueve en los valles y en las montañas, en día de semana o en feriado, es sobre pailas de pick up, y no tenemos otra oportunidad don Gautama, por favor, no sea irascible, y no es como dice don Rodrigo, el vice del Congreso, de que "vaya poco a poco", ¡tampoco carajo! porque nosotros no tenemos liberación de vehículos como ustedes los diputados, porque recuerde Don Gautama que usted cuando estuvo en el congreso introdujo más de ocho vehículos liberados, y si no lo hizo fue porque no quiso, o porque no tuvo, porque sí ha sido privilegiado, y no nos venga con lo de la seguridad de las personas porque una paila es insegura con o sin "*camper*", porque solo en los VMW y Coronelas que usted usa hay cinturones y bolsas de aire comprimido para no romperse la madre.

Ahora nos ha entrado terror en conocer sus próximas medidas de seguridad que tanto anuncia. No será que en la Novísima Agenda ahora se prohibirá que las damas usen sombrillas, o que los pencos escupan al piso, o encender cirios a los santitos, o que en los cuartuchos donde no llega la ENEE privatizada las familias sean prohibidas de usar quinqué nunca más para que no se incendien los niños.

Para que se luzca y no vuelva a meter las pailas, le doy unas medidas cachimbonas que ayudaran a la seguridad de verdad: (1) Prohíba inmediatamente el uso de vehículos con vidrios polarizados oscuros, pero sin excepciones. (2) Obligue a quien sea a señalizar todas las calles y sea exigente en el cumplimiento de las regulaciones de tránsito, y (3) Mande a despejar y limpiar todas las aceras de la capital para que los peatones no tengan que transitar por las calles. ¿A ver si así como ronca duerme, don Gautama? Felicidades.

Mauricio Babilonia.

Cerro Juanalainez.
Villa de San Miguel y Heredia después de Estocolmo.

Licenciado Adán Elvir Flores

Director de Diario La Tribuna

Tegucigalpa, 27 de julio de 2000

Muchas saludes y éxitos. Hacía tiempo que no lo molestaba pero pasan tantas cosas que a veces es difícil estar callado, así que de nuevo le solicito la publicación de mi comentario en la sección Tribuna del Pueblo. Atentamente.

No fue publicado por el diario

Espejito lindo, espejito de oro...
¿Quién es el más bello?...

¡Encuestita linda!, ¡encuestita de oro! ¿Quién es el más lindo? ¡Dímelo..., te imploro!

Hace pocos días los paisanos de "estas honduras" nos dimos cuenta que teníamos al Presidente con "más imagen" de América Central, mientras un desventurado ministro de vivienda de los USA nos decía por la televisión que el Presidente Flores era "el único que brillaba en la oscuridad de Honduras..." —¡*Quijue*!—, si no entendemos las señales un día de estos hasta nos lleva "la chula" sin siquiera damos cuenta de lo que nos estamos perdiendo.

Este es un país de macro desventura. Ganamos el primer lugar en SIDA, tenemos el segundo puesto mundial en corrupción, estamos con el 40% de nuestras adolescentes ya hechas madres prematuras, cuando estamos con el último lugar en atención médica, el salario mínimo más mínimo imaginable, los mayores índices de delincuencia y violencia, con la productividad agrícola regional más baja, la balanza comercial más desfavorable, y somos el ultimo, penúltimo y antepenúltimo país en educación, vivienda, agua potable, deportes, electrificación, industria, tecnología, cultura, desarrollo humano, y somos el primero, segundo y tercer país en basura, alcoholismo, polinización, incendios forestales, incompetencia, resistoleros, narcotráfico, derroche y todas las otras malas artes…, ¿pero acá?… donde los puentes se caen al año, las carreteras duran un invierno y existe un semáforo para aviones…, en este paisaje de país…, tenemos la suerte de contar con un presidente que con su "Nueva e Iluminada Agenda" alumbrara con su brillo personal a esta recua de desventurados en el año y medio que le queda.

Hubo una vez un presidente apodado "Pajarito" que le preguntó algo al "espejito mágico", y este le respondió: <<¡Tú eres el más bello! Eres un presidente de primera, pero tu gobierno es de segunda y el pueblo es de tercera…>>, y cuatro décadas después, el Gobernante acosa de nuevo al cretino "espejito" con preguntas y este nos la nos la repite, pero con otros términos: <<Que el presidente es "cachimbón" y el más bello de la región, pero su gobierno es "la riata" y el menesteroso pueblo hasta la pata>>, debió haber dicho el espejo pendejo, porque con esta población "HIPC" que nos cargamos ya no tenemos compostura, como si solamente hubiéramos pasado estos cuarenta años vagando por el desierto, pero pa'tras, como el cangrejo.

Actualmente estamos en la vanguardia de "africanizarnos" como el pueblo más paupérrimo y sin futuro de todo ibero América. Seguimos en la edad de piedra e importamos todo lo que comemos y lo que nos ponemos, porque no producimos nada…, —tan solo producimos buenos presidentes—, porque lo que comemos y lo que vestimos es usado o de segunda o tercera, así como los gobiernos, pero los Presidentes sí que son de primera, y por lo tanto, para que la niñez lo entienda, ahora en los actos oficiales los sudorosos funcionarios movilizan muchedumbres de inocentes niños pobres de las pobres escuelas rurales, que son sacrificados catrincitos bajo los inclementes soles, para que el Presidente les de la mano y brillen los "falsees" y se le rinda pleitesía a los ilustres Presidentes que produce este país mágico, y que "brillan" en la oscuridad nacional tal como dijo aquel sarcástico e irrespetuoso ministro gringo.

Mauricio Babilonia.

Callejón del Tercer Puente Juan R. Molina.
En la Teguzgalpa de la Viuda.

Don Adán Elvir. 28 de marzo de 2000
Por favor, para la columna Tribuna del Pueblo. Gracias.
No fue publicado por el diario

El presidente y el puente roto

La reciente quebradura del puente JRM provisional nos trae para hacer algunas reflexiones sobre los puentes y el Presidente Flores justo en este momento en que el presidente está a la mitad de su tiempo cronológico, pero "más allá" en su tiempo real porque como se ven las cosas lo que le queda es pura campaña política.

Al presidente le toco como estar en un puente entre dos siglos, entre antes y después del huracán, así como un puente de transformación entre lo previo y el futuro y posiblemente como un puente entre un gobierno liberal y otro diferente.

Políticamente Flores también podría ser como un puente entre el liberalismo romántico del siglo XX y un liberalismo trivial para el XXI y, como Presidente del partido, él podría ser responsable de esa transición en retroceso.

La ruptura del puente de metal ha sido el colmo de la negligencia institucional y un mensaje al Presidente de que las cosas andan mal, y que no todo se está consultando en las encuestas. Si uno de sus más nombrados ministros comete esos errores, es necesario ponerles más atención a los otros porque seguramente estarán con peores metidas de patas que a su tiempo saldrán a la luz y se las cargaran a su gestión. Como el puente roto, el FHIS es un fiasco a "pocas voces", la primera cancillería fracasó, la condonación no era tal como nos lo contaron, Hondutel es una

bomba de tiempo, el sector financiero se viene abajo irremediablemente, el discurso Mitch ya empalaga, la empresa privada
fue tomada por los nacionalistas, los organismos internacionales
no quieren soltar fondos, los indicadores de corrupción suben
y suben, la seguridad ciudadana es alarmante, el ejecutivo no
ejecuta y solo es seminarios, todo es más caro que jamás y los
funcionarios andan solos, a la *"zumba marumba"*, sin "agenda"
nueva ni vieja, sin "re-albañilería", sin emergencia, sin un plan
para la recon-transforma-Nac. Y se avizora que la estrategia de
reducción de la pobreza será otro documento de difícil comprensión que se imprimirá en alguna fecha de la navidad y que
el próximo gobierno engavetara así como se engaveto la tardía
modernización del gallo de Reina, por inoportuna y confusa.

Hace pocos días todos los ministros salieron hablando de
la pobreza, amontonados, peleándose por salir en la radio diciendo cualquier cosa, y hasta alguno que tiene decenas de
millones en una financiera hablaba de la pobreza, justo un
día después de una reunión de Gabinete por que de seguro el
Presidente les reclamo más compromiso. Y estando solamente
en el comienzo de los últimos tiempos ya vemos como cada
funcionario anda negociando sus nuevas posiciones con las
nuevas figuras políticas para pasar al otro lado del puente, antes de que este se rompa, antes que los periodistas complacien-
tes reviertan su discurso y que los presupuestos se congele y el
gobierno termine con varios puentes rotos o bancos quebra-
dos, u otra desgracia fácil de ocurrir, así como Azcona termino
con grandes colas y Callejas con apagones, por lo que tuvieron que entregar el bastón al equipo contrario en un Estadio
Nacional rebosante de lumpen y algarabía.

Total, parece que el tal puente roto no es más que una triste
señal para el Presidente quien tuvo la suerte que este no se
haya quebrado en el invierno…

Mauricio Babilonia. *Callejón Juan Ramón Molina.*
Teguzgalpa.

Año 1999

Don Adán Elvir

Diario La Tribuna. Tegucigalpa, 13 de Diciembre de 1999

Don Adán, felices fiestas a usted y sus compañeros de periódico. Por favor, mi último comentario de este siglo en Tribuna del Pueblo. Gracias. Mauricio Babilonia.

No fue publicado por el diario

¡LERO, LERO…, SOMOS MÁS POBRES QUE USTEDES…!, IAH, IAH…

Mientras que la iglesia y Raimundo piden un proyecto de país e insisten en que no hay políticas públicas, a mitad del camino del segundo gobierno liberal en fila india, y el ultimo de este milenio, ya tenemos el récord de la gasolina y la leche más caras de Centroamérica, el analfabetismo más alto de Hispanoamérica, tenemos los más deficientes sistemas telefónicos y eléctricos del continente, uno de los mayores índices de corrupción en el mundo y ahora: nos ganamos el galardón de ser de los países pobres más pobres de la podredumbre (pueblo-pueblo, pobre-pobre, ¡ahora sí!), y lo peor es que los cretinos burócratas andan felices con el calificativo en vez de darles vergüenza (pueblo-pueblo penco-penco), y los periodistas vermiformes también mencionan el hecho como un gran logro gubernamental, sobre lo cual recomendamos que el Presidente debería manifestar tristeza por la calificación y prometer la más fiera lucha para salir de ese estado, porque ni técnicamente le conviene el ahorro debido a que no se ha generado la capacidad para ejecutarlo y todo le quedara al siguiente en el cargo para que haga "micos y pericos" en el altar ajeno.

Ahora es que la Soc. Civil pregunta por un Proyecto Político —¡pero si ya llevamos seis en dos años—, La Nueva Agenda que se volvió vieja sin que ningún Ministro leyera o conociera; la Reingeniería, que no llego ni a realbañilería; la Emergencia que se "engabinetó" con los multigabinetes; Estocolmo, antes y después, que dejo una secuela de cifras que nadie entendió; la Reconstrucción (o Reconstronsuca), miles de cosas viejas que todos hacen, pero nada nuevo sino que lo de todos los días; el Mega Plan de proyectos del Mega Facusé, de tiempos de la república; y ahora, seguro que un nuevo "Plan Anti HIPC", lleno de iglesias y voluntarios blancos, para "des-hipcsarnos" en todo el próximo siglo y volverse a llevar la "descondonación".

Por de pronto, en enero y hasta noviembre, ya vendrán muchos planes más de los precandidatos nos harán variadas propuestas de proyectos, algo como el gran sueño de escolarizarnos por parte de Pinedita, Rosental nos querrá convertir en un gran banco, Mel en un aserradero, Maduro pensara construir un canal como el de su país, solo que seco, y muchas propuestas a escoger por toda la recua de pre-soñadores para que no andemos diciendo que no hay proyecto de país.

Mientras tanto, el presidente tiene desde hace dos años la pelota en su cancha, así que le queda todo el presente Adviento para recapacitar y armar un equipo de personas de alto kilate, comprometidas y experimentadas, y tratar de ejecutar para este pobre-pobre pueblo-pueblo un último "Plan F", que le rescate la credibilidad y lo lleve en el 2002 a un Estadio Nacional repleto de gente-gente aplaudiéndolo a mas no dar.

Feliz Navidad y próspero siglo nuevo al personal de la Tribuna, a sus lectores y al pueblo-pueblo hondureño-hondureño.

Mauricio Babilonia.

La Hoya after HIPC, Teguzgalpa.

Licenciado Adán Elvir Flores
Director de Diario La Tribuna
Tegucigalpa, 18 de noviembre de 1999
Muchas saludes y esperando que ya esté preparando su fiesta de cambio de siglo. Le agradecería me publicara este mi artículo en la columna "Tribuna del Pueblo". Gracias.
No fue publicado por el diario

FUNDACION CREMA Y NATA

Una Fundación, como cualquier ONG, además de sus buenos propósitos puede servir también para otros fines, así como para proyectarse políticamente, o para hacer vida social, o para mostrar fino ropaje en pasarelas y para otras cosas más.

La Fundación María, cuya presidenta se llama Mary, así como el proyecto de "sembremos un árbol como norma", de Norma, acaba de realizar un lujoso evento social de recolección de fondos para los "albergues hospitalarios", de la más estricta excelencia social, donde parece que, por esta vez, los invitados casi solo fueron escogidos entre los *very very* poporoilas descendientes de *Sem, Cam y Jafet*, algunos funcionarios "in" y otros personajes de ultramar.

Según las crónicas sociales asistieron todos los miembros de la conocidas familias: Ali, Nazal, Kalan, Falusé, Baba, Kaflie, Losental, Andolie, Lafati, Silverstein, Landal, Latala, Benlec, Lalil, Abudol y otros omnipresentes mediorientales de nuestra sociedad nacional. Además, además de las doce tribus, participaron algunas figuras diplomáticas de países con asignaciones presupuestarias para tal fin, como ser las embajadas de las penínsulas europeas, los francos, los de la isla y otros embajadores primermundistas que no los sacaron en las fotos.

Las instituciones contralores verificaron las contribuciones de la concurrencia para comprobar que con "la cabuya" de las cenas se construirán los albergues para beneficiar a los parientes de los pacientes que talvez viven en macro albergues beneficiados (100 de 250 mil) y que al contrario, los aportantes recibieran ricos manjares preparados por un famoso pupuzero de la tierra de Dantón (el del reclamo viril), acompañados con el mejor vino francés y su respectivo pan con ajo fresco. —¿Cómo la ven?—, también comiendo finos manjares franceses y bebiendo vino tinto se reconstruyen las viviendas de la sociedad civil con la participación comprometida de la "sociedad social".

Para permitir también la aportación de los lencas, pipiles, ladinos, Álvarez, Vanegas, Cortez, Gómez, Henríquez, López, Martínez, Pérez y Pereiras en esta filantrópica obra social, los antedichos serán invitados en nuevo aviso a otra reunión de la Fundación que se realizara próximamente en el campo "La Isla", cuando sus instalaciones estén re-ingeniadas, re-construidas y re-transformadas.

Mauricio Babilonia.

Barrio el Re-Jazmín, después de Estocolmo. Teguzgalpa.

Licenciado Adán Elvir.
Director de Diario La Tribuna.
Noviembre 12, 1999

Don Adán, de nuevo un saludo de Mauricio Babilonia deseándole lo mejor para su familia y compañeros de trabajo. Le solicito la publicación de mis comentarios en la columna Tribuna del Pueblo. Gracias.

No fue publicado por el diario

¿Corruptos o no corruptos?
(*THAT IS THE QUESTION*)

Propios y extraños nos catalogan entre los 10 países más corruptos del mundo. —¿Qué les parece?—, unos dirán que es una campaña tendenciosa y a otros nos parecerá "grosero" y exagerado, pero la calificación no nos la quitamos protestando a través de los curas mientras nos sigamos exhibiendo como un pueblo que vive una completa tiranía de corruptela e impunidad, por arriba y por abajo, y mientras los hechos hablen por si solos.

Qué pensaría un extranjero (o un ladino de aquí, del barrio Suncery), si se da cuenta que acusan al ministro Zutano de tener todos sus hijos empleados en el gobierno a cargo de hermosas licitaciones, o que el líder del partido D y el sobrino del presidente G tienen una empresa que gana todos los contratos X, y que el ex ministro Mengano VI es socio de las empresas con que el estado hacia negocios, y pese a que en los últimos años se ha incrementado sustancialmente la cantidad de fiscales, jueces y auditores, en este paraíso de la impunidad tenemos más controladores que condenados por malversaciones, a pesar de una larga historia de casos desde el bananageitazo, cajonazo, conadiazo, lechazo, chinazo, petrolazo, anillazo, pichetazo, furgonazo y muchos azos mas.

Creeremos los hondureños que los extranjeros son tan "papos" para creer que un zorailo ex Contralor no se daba cuenta que sus mujeres tenían todas sus mansiones llenas de televisores, ...y todo por un amor materno excesivo..., o estarán exagerando los de Transparencia, cuando ven que las sentencias de la Corte Suprema protegen dudosos grupos bancarios donde tiene depositados sus "pistillos" el presidente de la susodicha Corte, mientras otros altos jueces(zas) de esta Corte tienen sus hijos acusados de estafa repetida, y borrachos temerarios son protegidos por los Magistrados(as) cuando atropellan niños inocentes con vehículos del estado,

y se comenta a soto voz que la CSJ obedece a consignas de un pre candidato del partido carmesí,

y se inhabilitan judicialmente las demandas contra conocidos empresarios fraudulentos,

y los jueces liberan a los narcotraficantes,

y policías y jueces "lavan" vehículos robados en el "Interpol Car Wash",

y existen bodegas de armamento que no se conoce su origen,

y se decreta libertad para los fríos ejecutores de la guerra fría,

y los empresarios locales usan La Bolsa para robarle a la población quebrando sus empresas,

y, puf, se queman las instalaciones del Cajón cuando por fin está y el precio del petróleo sube,

y los directivos de los bancos se prestan los dineros de los ahorrantes y quiebran la institución,

y empresarios y políticos trabajan "ad honorem", "full time", con el gobierno y las alcaldías.

y el vicepresidente del Congreso es un dudoso financista en un Legislativo de impunidad inmune,

y al "gallo" que más cacareo contra la corrupción le enchutamos una multa simbólica como corrupto,

y en un partido mayoritario no madura más que un candidato "ístmico" que estuvo involucrado en la importación de chinos y en la repartición de los dineros petroleros, y se compran las candidaturas populares y el alcalde de la capital se elige por transgresión atávica,

y el contralor de turno anda en campaña política y se duda de la veracidad de los informes...

y más, y más, pero todavía creemos que esos extranjeros son unos groseros, y mientras todo se desburrunca nos sentamos a esperar la primera calificación del próximo siglo, a ver si no perdemos el cetro continental de la corruptela.

Mauricio Babilonia.

Transformada Real Minas de San Miguel Arcángel de Teguzgalpa y Heredia after Estocolmo.

Licenciado Adán Elvir.

Director Diario La Tribuna

Tegucigalpa, septiembre 21 de 1999

Estimado Lic. Elvir Sierra. Por diversos motivos no había podido enviarle mis comentarios sobre el acontecer nacional pero hoy me levante premonitor y decidí dar mi opinión sobre el voto de castigo. Le agradecería me publique la carta en la columna Tribuna del Pueblo. Muchas saludes.

Publicado en Tribuna del Pueblo el 22 de septiembre de 1999

El voto de castigo (*HUYUYUY...*)

El voto de castigo es una figura democrática informal, de hecho, que pertenece a las libertades individuales y que la población usa cuando no le gusta cómo ha gobernado su propio partido, o no está de acuerdo con sus propios candidatos, o cuando es muy joven y no tiene ni partido ni empleo, y entonces, o no vota por su color, o vota en blanco, o en el peor de los casos, vota por la oposición.

El voto castigo es difícil precisarlo a través de los métodos comunes de consulta popular. No se detecta en las encuestas, es impredecible, y comúnmente los gobernantes, tan inmersos en sus efluvios de grandeza y autoridad, no logran presumirlo sin percatarse de su error sino hasta que reciben el repudio en las urnas, verbigracia Callejas, que mintió, mintió y mintió, y creyó que ya nos tenía a todos en la mano, y se ganó la gran chiflancina del siglo XX en el estadio nacional.

Nuestro presidente de ahora, a pesar de su inteligencia, también puede que sea víctima, y así lo parece, de tener una concepción distorsionada de su gestión gubernamental, principalmente cuando se mueve entre tanto periodismo complaciente y encuestadores aduladores, y es rodeado además, de un primer círculo de unos cuantos cortesanos palaciegos, que mejor lo mantienen desinformado para que crea que todo anda "*cachimbón*" y calmar su ira, y también para su propia conveniencia, como lo describiría "Gabo" en el Otoño del Patriarca: *¿Qué horas son?... ¡las que usted quiera mi presidente!* Total, si a Napoleón, al Sha de Irán y a Somoza los "pajearon" sus asistentes, que no puede pasar en "estas honduras".

La posibilidad del voto de castigo deberá ser analizada por los principales líderes políticos del partido de gobierno y tomar las medidas necesarias, si es que todavía se puede ser oportuno, ya que el gobierno presenta la más grande incapacidad administrativa de los últimos tiempos, con un siguiente circulo de funcionarios muy lejanos al presidente, conformado por el equipo más heterogéneo, jamás visto, de ministros y ejecutivos, mayormente inexpertos, sin mayores compromisos sectoriales, pertenecientes a todos los grupos políticos habidos y por haber, desde advenedizos electoreros hasta ingenuos colaboradores, cada cual jalando o empujando en diferente dirección, tratando de pasar inadvertidos mientras pagan sus partidas de gastos de publicidad para dentro de 18 meses, los bárbaros, tirarse en desbandada a la candidatura popular y abandonar al presidente en el momento en que este más los necesite, en el *"chiflido time"*.

Los votos de castigo se depositan en el alma del gobernante saliente, —en el alma— ¡aunque usted no lo crea!, aunque cuente con mil historias de huracanes y esgrima mil estadísticas, el presidente sabrá a ciencia cierta que se los dedicaron a él, y los votantes también sabrán a quien le dieron su desaire. Y si además de un gobierno inoperante, el partido de gobierno se maneja con catorce fracciones electoreras que surgen de alrededor del mismo gobernante, ya puede verse venir el primer gran castigo político del tercer milenio, y al final, pareciera que todos los fonditos de Estocolmo solo se consiguieron para que se los gaste un tal Maduro de Panamá con su grupo de chinitos, igual que aquel Chelito que solo sirvió para hacer altares para que otros dieran la misa.

Mauricio Babilonia.

Río la Orejona. Teguzgalpa después de Estocolmo.

361

Licenciado Adán Elvir.

3 de mayo del siglo XX (día en que comienzan las últimas lluvias del siglo)

Licenciado Elvir: Deseándole lo mejor para ustedes en este invierno, recomendándole que se mantengan alejados de los ríos. Le solicito la publicación de mi comentario en la columna Tribuna del Pueblo. Gracias.

Publicado en Tribuna del Pueblo el 11 de mayo de 1999

LOS *CONGRESMAN*, EL *OMBUDSMAN* Y EL *MACHOMAN*

Si yo le preguntase a un estudiante de secundaria si él se atrevería a hacer una propuesta de limitar las atribuciones del Comisionado de los derechos humanos, este o cualquier ciudadano, después de meditar tan solo un poquito, reaccionaria con un ¡*"JAMAS hombe"*, *"s'tas loco*...! ¿Qué te pasa?..., ¡sería una estupidez!...

Pero los *Congresman* de "estas honduras" lo hicieron. En el momento menos oportuno para la nación, al final de la jornada, a las sombras de la noche; cuando los pocos Diputados presentes estaban ya zorailos de tanto trabajar y en el momento en que solamente había tercio de la maltrecha asistencia diaria; sin comunicación previa, con alevosía y ventaja, la Mesa Directiva de los *Congresman* propuso la reingeniería a la "institución del Ombudsman" y, como era de esperarse, ganaron por "mayoría nocturna".

Pero aunque la noche fue larga Morazán siempre vigilo, e inmediatamente, a la mañana siguiente y durante todos los días posteriores a la emboscada legislativa, y hasta la fecha, la población alfabeta sigue comentando en forma generalizada sobre aquel incomprensible exabrupto político, por aquella villanía que solo podía provenir de un celo inexplicable en el corazón institucional de los Congresman, y el ataque legislativo a la figura del Ombudsman ha provocado un rechazo general, un

363

repudio universal y desprecio globalizado a los omnipotentes Congresman que tuvieron que volver varios días después, con la testuz baja, para contradecirse en su fugaz determinación.

Nadie sabe lo que paso (y si alguien lo supiese no lo diría), pero es inconcebible que los "Padres de la Patria" se mantengan en este inverosímil juego, en un país que vive su peor momento y donde hay tanto que hacer, mientras sus *Congresman* pierden su prestigio y su tiempo "metiendo la pata" y tratando de sacarla.

De todo este asunto queda una buena y una mala. La mala, que nuestros enviados oficiales en Estocolmo van a tener que aguantar las sonrisas sarcásticas de todos los europeos cuando los vean llegar pidiendo espejitos después de haberse querido "desburruncar" a su Ombudsman; y la buena, aunque no guste a muchos, es que la llamada "sociedad civil", que me imagino que somos todos los buenos, ya probo el sabor de su importancia y conoció nuevos espacios de oposición política y entonces, gallina que come huevos..., aunque le quemen el pico.

Respecto al MACHOMAN, solo lo mencione para atraer a los malpensados y que leyeran mi artículo... ¿*Alirusados* no?
Mauricio Babilonia.

Repartos del Reparto. Tegucigalpa antes de Estocolmo.

Licenciado Adán Elvir.

Director de Diario La Tribuna. 7 de abril de 1999

Muchas saludes y que haya pasado una semana santa sin temblores. Le agradecería me publicara este mi artículo en la columna "Tribuna del Pueblo".

Publicado en Tribuna del Pueblo el 15 de abril de 1999

Nueva agenda versus reconstrucción

El próximo mes de mayo nos traerá dos sucesos importantísimos para el país que ojalá nos saquen de la modorra en que vivimos actualmente y volvamos a nuestra lucha por la vida: primero, que comienzan las lluvias, y segundo, Estocolmo, que deberá ser el punto crucial para salir de esta atmósfera de emergencias paralizantes.

Después de mayo, será un "imperativo categórico" para el gobierno desempolvar los planes de la Nueva Agenda y volver a movernos al ritmo del planteamiento político, volver al dogma y olvidarnos del insulso concepto de "la reconstrucción" que tanto nos entorpece en el avance a nuestro desarrollo y que no debió durar más de cinco meses.

Hay que volver a la Agenda que fuera propuesta como plan para ganar el poder ejecutivo del gobierno porque solo esta contiene el espíritu del triunfador de las elecciones. El pueblo creyó y voto por la Agenda y espera que se ejecute, porque solamente esta tiene el olor de la ideología liberal y el color del partido, y la Reconstrucción la puede hacer cualquiera y solo tendrá sabor a puentes *baylle*, a dragado de ríos, a macroalbergues y a la mendicidad internacional.

Tanto la "Revolución del Trabajo y la Honestidad" y la "Revolución Moral" de los presidentes liberales contemporáneos, así como el famoso "Cambio" de los cachurecos, comprendieron los principios básicos del pensamiento de cada grupo político y fueron la base para sus diferentes acciones de progreso en el país a su debido tiempo, para bien o para mal, y esos planteamientos son lo que nos han distinguido, sin embargo, ejecutar un proceso de Reconstrucción solamente es volver a hacer lo que otros habían hecho no importando si estaba bien o mal, total, el puente en el Ojo de agua todo el mundo sabe que tenemos que reconstruirlo azules o colorados, izquierdistas o derechistas, o morados, sin pena ni gloria.

En la Nueva Agenda "todos contábamos" y en la "reconstruca" solo los que vivían cerca del río. La Nueva Agenda contenía principios y valores y la reconstrucción solamente es un listado de proyectos y donaciones. No es lo mismo hacer reformas educativas que ponernos a dar contratos para construir las escuelas dañadas, porque la reconstrucción no es ninguna doctrina ni fundamento de acciones de desarrollo sino que, simplemente, es un listado de cosas que hay obligación de hacer, casi igual de cómo estaban antes de que se destruyeran, no importando la visión de quien las haya hecho.

Si queremos tener un gobierno de nuevas oportunidades y compromisos hay que volver a la Nueva Agenda porque la reconstrucción solamente deberá ser un pequeño apéndice del gobierno, que se active con cada "niño" o huracanes por venir, sin embargo Nueva Agenda solo habrá una, y una vez en la vida de la nación, y por el momento ya lleva año y medio de cuatro posibles y tres efectivos... y sigue siendo nueva.

Mauricio Babilonia. *Macroalbergue El Dique. Real Minas de San Miguel Arcángel de Teguzgalpa y Heredia after Mitch*

Licenciado Adán Elvir.

Marzo 13, 1999

Director de Diario La Tribuna.

Don Adán, de nuevo un saludo de Mauricio Babilonia deseándole lo mejor para su persona, su familia y compañeros de trabajo. Le solicito la publicación de mis comentarios en la columna Tribuna del Pueblo. Gracias.

Publicado en Tribuna del Pueblo el 8 de abril de 1999

Pucha, que los gringos no pegan niuna

Para un ciudadano hondureño es fácil hacer migas con un norteamericano (ana) porque, en general, estos seres son simpáticos y querendosos, pero cuando de asuntos gubernamentales se trata es tan fácil aborrecerlos por lo burro que son, principalmente cuando realizan sus actos oficiales, pareciera que más se esfuerzan en caer mal que bien.

Sin ir más atrás, recordamos todavía la maldición de Negroponte (inventor del 3-16), el maltrato a la población que tramita visa en el Consulado, las patanadas de Arcos, el rapto de Mata, la Rosa del Vietnam de los Aguas Taras, el tráfico de pasaportes a chinos, las deportaciones de los paisas, el marine borracho de Las Lomas, el financiamiento a la Contra, etcétera, etcétera, que siempre tendremos presente los nativos de "éstas honduras" como ejemplos de la diplomacia gringa.

Ahora es que nos visitaba su presidente y todos estábamos contentos. Bien bañaditos, fuimos a darle el *"welcome"* a Comayagüela para mostrarnos frente a él y conocerlo mejor y ni siquiera nos permitieron pasar. Nos dejó con el sabor de una visita insípida, incolora, inodora, sosa, desteñida, solo llena de incomodidades ciudadanas, un show de vulgar tecnología de seguridad y una fotógrafa vestida con mal gusto, sin nada de calor, nada de cultura y nada de emociones, total, quedamos más triviales que antes con los amigos del norte y con la certeza de que todo seguirá igual.

Mientras la población capitalina acudió gustosa a ver al Presidente Francés y a darles la mano al Noble de Borbón, al contrario, cuando vino Don Clinton se vació la ciudad, se sacó a todos sus habitantes para que el visitante no fuese estorbado por este pobre-pobre pueblo-pueblo, que podía atentar contra su seguridad, así que se fue sólito a pasear a un aburrido puente solitario, solamente rodeado de gringos, con un par de funcionarios criollos y en un ambiente envuelto como de regalo.

Míster Clinton vino a Honduras a tomarse fotos con sus paisanos en Palmerola. Saludo a sus marines, almorzó en su mismo comedor para no contagiarse de cólera, viajo en su propio vehículo para que no lo pinchara uno de esos zancudos enormes que salen en verano, dio la mano a sus empleados de su propia embajada, uso su propio watercloset portátil y blindado y solamente entrevisto, por pocos minutos, a veintisiete poporoilas de nuestra sociedad, todos *english speakers*, todos bien registraditos y "checkeaditos" usando un feo "pin" en sus solapas y zas...se acabó, vino y se fue, y la vida continua, todos contentos con un día menos de clases en las escuelas y con los campesinos optimistas diciendo que, después de la visita, ahora sí que produciremos granos básicos.

Los gringos sabían, vía satélite, que en el bulevar Kuwait solo barrieron la calle de ida por donde pasaría la caravana y que la basura la tiraron en la calle de venida. Como el protocolo ya vino hecho desde Washington, el programa no incluía el acto de recibir las llaves de la siempre sucia ciudad de Tegucigalpa, más destruida por la incompetencia de sus autoridades que por el huracán.

Bueno, ahora todos pensemos en Estocolmo, que nadie conoce donde queda y ninguno sabe para qué sirve, pero si con la fugaz y frugal visita de don Billy y la famosa Estocolmo ya no nos salvamos..., entonces sí que nos llevara "la Chula".

Mauricio Babilonia.

Macroalbergue La Sirena.
Real Minas de San Miguel Arcángel de Teguzgalpa y Heredia
After Mitch.

LICENCIADO ADAN ELVIR.
DIRECTOR DE DIARIO LA TRIBUNA.
28 de febrero de 1999
¿Don Adán, como esta? Le solicito que me publique estos comentarios para que se acepten otras opiniones. Muchos saludos.
No fue publicado por el diario

El gabinete de reconstruccion: un "incesto" institucional

El nuevo Gabinete de Reconstrucción, GABIRECON, es incestuoso, y eso es pecado. Se siente algo así como: "empujemos solo algunos cuantos, entre nosotros, en dirección circular..."

Y de nuevo los presagios. Cuando ya nos había llegado el aldabonazo que nos obligaría a cambiar, nos metemos la mano en la misma bolsa, y por supuesto, nos salen las mismas fichas. El equipo de la reconstrucción estará formado con los pocos de siempre, quedándonos el sentimiento de que nada se hizo y que después de la borrasca... estamos igual que antes.

Cuando pensamos que el huracán apocalíptico era la oportunidad de tener cambios substanciales en el suceder del país, de nuevo volvemos a los mismos personajes trasnochados, de tareas traslapadas, con las mismas conductas y las mismas ideas, y porque no decirlo, con los mismos resultados. La reconstrucción es la única oportunidad posible, per secula seculorum, de hacer cambios en "estas honduras", más hundidas después del torbellino, y el Gabinete responsable tenía que ser algo fenomenal, impersonal, pletórico, de aceptación universal y no solamente un grupo de gente de confianza.

Miremos quienes son los que nos "reconstruirán": primero, que lo presida el Presidente Flores es indiscutible e inapelable, además es lógico. Tomasito" será bueno para la gerencia pero es parte activa y responsable de esa generación de ingenieros civiles que construyeron la infraestructura de papel que se llevó la corriente. ¿Podrá él rectificar sus conceptos y compromisos? La Ministra de finanzas y el señor de SETCO son desconocedores natos en las cuestiones del país. Ellos no conocen el corazón de honduras y se guían más por lo que dicen sus libros en ingles que por razonamientos experimentados de nuestra realidad. El Ministro de la Presidencia siempre estará más ocupado apagando los fuegos cotidianos y no tendrá tiempo de encender nuevas antorchas.

Sobre los dos asesores, además de que ambos manejan carteras muy extrañas al caso, son funcionarios circunstanciales que andan experimentando en la cosa pública, pero son más conocedores de su oficio y del casco de la capital, sin fogueo chauvinista y ni se imaginan la verdadera profundidad del desastre.

Por otro lado, la tarea de la reconstrucción deberá ser muy imaginativa e innovadora y Flores necesita gente que piense "además que él" y no funcionarios que piensen "después que él", y los personajes nombrados no tienen esa bondad.

Exceptuando el Presidente, todos los miembros del gabinete son burócratas, tecnócratas, o diplomáticos inocuos. En el GABIRECON no hay un ordenador, no existe un conocedor de los recursos naturales, no conocen de producción y de sus miembros no se sabe que algún día hayan manifestado una pizca de sensibilidad social. Son profesionales fríos, desapasionados, que le dicen SI a todo lo del Presidente y dicen NO a todo lo de los demás; no son productores, ni empresarios, ni políticos, ni pastores y no se les conoce compromiso sentido.

Lo que se está creando es un incesto institucional. Los ministros de múltiple gabinete van a empujar siempre en círculo y con un cargo van a querer tapar los errores del otro cargo. Imaginémonos cuando la Gabriela del GABIRECON le dé instrucciones a la Gabriela del Gabinete Económico, o a la Ministra de la SECFIN; o "Tomasito" le quiera jalar las orejas al Ministro de SOPTRAVI, o al responsable de la vivienda; o don Gustavo le exija al de Modernización; si todos son los mismos.

¿Qué va a pasar cuando el GABIRECON tenga que reclamar a finanzas por que se "enchibolaron" con los tramites y no hay dinero para las escuelas?; ¿quién exigirá a SOPTRAVI que los puentes se construyan correctamente y a la fecha determinada?; ¿quién exigirá cuando Finanzas congele los presupuestos para producción?; ¿o que los intereses son muy altos para la vivienda?,

Ya en el primer año del gobierno, los más del nuevo GABIRECON mostraron su habilidad y su inercia como funcionarios. Todos sabemos que Finanzas es una pelotera incompetente que frena el desarrollo de todos los proyectos y porque tenía paralizado al Ejecutivo fue que se necesitó un Decreto de Facilitación. SOPTRAVI, ya antes del Mitch tenía casi parado el mantenimiento de carreteras y solo ha estado inaugurando las obras que Reina dejo comenzadas. El Ministerio de la Presidencia ha armado un cerco impenetrable alrededor del Presidente y mantiene fricciones con todos los otros funcionarios, gabinetes y poderes del estado.

Nadie puede imaginarse que monstruo saldrá de este "inbreeding" y al final, habrán muchas presiones, excusas, cambios de personal, y entonces..., a volver a empezar cuando solo falten dos años de gobierno, y otra vez los nuevos "reconstructores" volverán a preguntar: "hacia donde dice que dijo, don Carlos...?"

Mauricio Babilonia.

Laguna de la Sirena.
Tegucigalpa A.M. (After Mitch)

LICENCIADO ADAN ELVIR.
DIRECTOR DE DIARIO LA TRIBUNA.
22 de febrero de 1999
¿Don Adán, como esta? Le solicito que me publique estos comentarios para que vean los del Foro que también se aceptan otras opiniones. Muchos saludos.
Publicado en Tribuna del Pueblo el 30 de enero de 1999

LAS MACROCOSAS DE LOS MACROMINISTROS

Los macroalbergues, los "pares o nones", la existencia de macroministros y las re-re-re-inauguraciones de puentes, son ejemplos de macrotaimadeces que se comete con funcionarios de salón, inexpertos, diseque apremiados por un tal ciclón que ahora se ha convertido en la principal excusa para ocultar nuestra incompetencia en todo campo (imagínense lo que dicen que dijo el don Pedro ese, que los técnicos extranjeros decían que los macroalbergues eran buena solución... ¡no les digo!).

En Honduras siempre hemos sido incapaces de buscarle soluciones definitivas a los problemas y toda la vida terminamos ejecutando las cosas temporalmente, con medidas parciales o soluciones intermedias que se convierten en eternas, ejemplos históricos son las emergencias del Fifí, el Gert y el Niño; la Basílica inconclusa; ciudad Mateo, el anillo periférico y el aeropuerto de la capital siguen pendientes y el mismo proceso democrático, que ya lleva más años de democracia que de gobiernos militares, le seguimos llamando incipiente, y nunca terminamos las cosas, y los postes destruidos siguen tirados en la calle, y le pusimos pasamanos provisionales a los puentes, y desde que se fueron los mexicanos el lodo sigue allí esperando, y todo queda incompleto para hacerlo la próxima semana, o el siguiente año o se lo dejamos al nuevo gobierno, o para cuando pase la emergencia, y vuelva mañana... y la de nunca acabar y el Gabinete de reconstrucción a lo mejor solo dura hasta el 27 y luego..., volver a empezar a comenzar, o sea: "re-comenzar".

Antes del Mitch ya éramos el penúltimo país en Latinoamérica y si no arreglamos este desastre de un solo y nos tomamos el purgante "a *tucún*" en seis meses, jamás volvemos a la normalidad para tratar de seguir luchando por una mejor vida, y entonces, sí que nos llevara "la Chula" porque quedaremos postrados para toda la vida. Imagínense que el Presidente del Congreso manifestó que para él necesitaremos dos generaciones, ¡óigase bien: DOS GENERACIONES! para salir del relajo del Mitch, eso sin contar con los maremotos, sismos, guerras, pestes, ciclones, quiebras, sequías, golpes, devaluaciones, plagas, relajos y otros castigos que además nos ocurrirán en esos cuarenta años que nos receta don RAPINPON que esperemos. ¡*Quijue*, me quede papo! ¡Imagínense que futuro si no nos damos prisa!

Pero nunca saldremos de este sopor que nos envuelve con soluciones macrocefalicas o plazos bigeneracionales. Inventando macroalbergues como kibutz hebreos o comunas *hippies* para las "macromaras", en vez de agarrar el toro por los cuernos y de un solo adelantarnos históricamente con soluciones concretas al problema de la vivienda, o imponer a "*guevos*" orden y disciplina al caos vehicular urbano en vez de chabacanadas como los "pares o nones". ¿No fue para eso que los hondureños les aprobamos el "estado de excepción"?, ¡si, para eso fue!, fue para que actuaran "como machos" con soluciones inmediatas... y ahora resulta "que le tienen miedo al cuero".

Pero el Presidente Flores no escucha a Mauricio Babilonia. Ya le había predicho que con don Menando de Aragón le iba a salir careta la venada y no me hizo caso; ahora le auguro que si no quiere que se le *desburrunque* la reconstrucción, mejor consiga para ese Gabinete a personajes más imaginativos, más decididos, con más "training" gerencial y empresarial, que sean más amplios, experimentados y entusiastas, porque con los Macroministros actuales, con solo verles la carita de cansados que tienen y escuchar sus macrojustificaciones, cualquiera se imagina que nunca nos sacaran de "estas honduras".

Mauricio Babilonia.

Macroalbergue La Sirena. Tegucigalpa After Mitch.

Licenciado Adán Elvir.

6 de Enero 1999 (día de Reyes: felicidades)

Le deseo que con su familia y compañeros de trabajo tengan un excelente último año del siglo. Se lo merecen. Le adjunto un comentario sobre un tema de actualidad agradeciendo anticipadamente su publicación en la Tribuna del Pueblo.

Publicado en Tribuna del Pueblo el 11 de enero de 1999

Meneando a menando

Todavía se sienten chiflones huracanados en "estas honduras After Mitch", con la meneada de silla que le están dando al "mejor funcionario del año" (según el "*populum-populum*"), nuestro mestizo Canciller, el ídolo de las etnias, el Señor Don Jota Fernando Martínez Jiménez de Maromé…, flores de mi me…, lestannnn meneando…

¿Pero quién se lo iba a imaginar?, ¡oiga!, al representante de oficio de los criollos y castizos de Honduras ante las "tribus autóctonas", precisamente cuando estaba tan comprometido para ayudarles a recuperar sus "indias dormidas" y sus tierras azotadas, y de repente, se escucha el mandato imperioso del amo recordándole que su misión en la Agenda no son las relaciones interiores ni andar licitando puentes — sino que las relaciones exteriores *— y por lo tanto, se le invita que retorne al lujo de su Cancillería a diseñar y realizar una estrategia ejecutiva para poder llevar el problema del país ante el mundo y no seguir de cascarrabias mostrándole los colmillos a sus "panas" del Gabinete.*

A Don Nando, Menando, Fernando, el Ministro Canciller (del mismo nombre que el tal Fernando II de Aragón, el rey católico a nombre del cual se escrituraron las tierras de los parientes de Lempira), se le requiere para que deje su hábito de candidato a la Alcaldía y que comience a "hacer carrera" como el primer diplomático del país, que eso es lo que es y para eso lo tienen, no para andar bailando "punta" con los paisas afro-hondureños en los bajos del Congreso.

Que se olvide de los albergues y de los puentes Bailey y de los pescadores del Golfo y que vuelva a los suntuosos salones, a iniciar una escalada diplomática visible ante el mundo para conseguir apoyo internacional para la re-construcción.

Que guarde las camisitas "fresa" y retome sus suntuosas ropas de etiqueta para representarnos ante los otros piases que nos observan, y deje el lodillo del Río Choluteca y la laguna de la sirena para otros re-constructores.

Que se reintegre como Canciller que es, a su rol en la ahora Agenda de la Re-construcción, que retorne a la versallesca diplomacia del boato y glamour que otrora crítico, como un zapatero a su zapato..., y al pan: pan..., porque al Cesar, no hay que darle lo que es de Dios.

Mauricio Babilonia.

Antigua Mina de San Miguel Arcángel de Tguzgalpa y Heredia (After Mitch).

Año 1998

Toma posesión Carlos Flores Facusé como Presidente.
Año del Huracán Mitch.

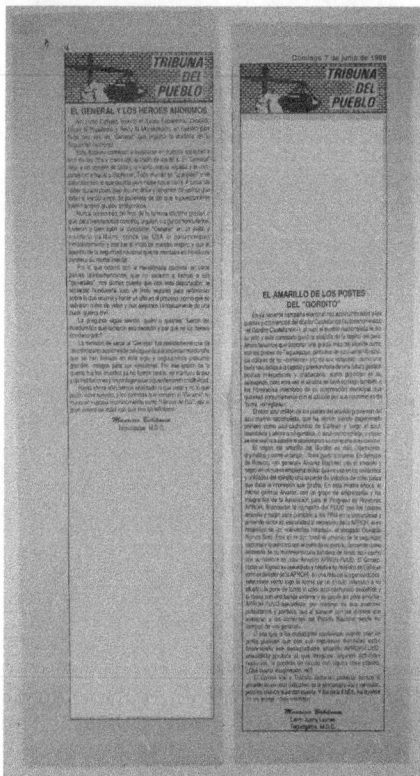

385

PUENTE "MAURICIO BABILONIA" ¿COMO LA VEN...?

MITCH-CELANEAS DEL MITCH
(por supuesto)

Señores La Tribuna.
Para publicar en Tribuna del Pueblo. Gracias.
13 de diciembre de 1998
Mauricio Babilonia
No fue publicado por el diario

El canciller y la raza

Ahora sí que nos arreglamos en "estas honduras" con el "*ap-proch*" étnico-cultural que está haciendo nuestro mestizo Canciller con los autóctonos del país. Parece que el funcionario los considera tan, pero tan distantes, que los incluyo en sus "relaciones exteriores", o será que ahora es el Canciller de las relaciones interiores.

¿Pero quién se lo iba a imaginar, oiga?: el Señor Don Jota Fernando Martínez Jiménez de Maromé, representándonos de oficio a los criollos y castizos del país ante las "tribus étnicas", para ayudarles a que recuperen sus "indias dormidas" y sus cuentas de oro.

Don Fernando, Nando, Menando, el Canciller de las Indias, está a "boquita que querés" con los neo-caciques y los Consejos de Ancianos, para resolver de una vez por todas el problema histórico del mandato imperioso del amo.

Don Fernando el Ministro, que hace gala del mismo nombre del tal Fernando II de Aragón, el rey católico a nombre del cual se escrituraron las tierras de los parientes de Lempira, parece que pretende arreglar solito el secular reclamo.

Tan solo imaginémonos el nivel de alianza y compenetración que puede haber entre el agendofilo funcionario y los étnicos vernáculos jurándose comprensión mutua. El Canciller, con sus uñas laqueadas, estrechando las manos rurales y callosas de los labriegos desterrados. Don Fernando, luciendo su embarbado francés, sonriendo en las fotografías con los precolombinos imberbes, lampiños y retostados. El diplomático, mostrando su pelo europeo, Mis Clairol pardo claro, entre los "occidentales" hinchos (léase puyas) y azabaches, escuchando sus reclamos. El Arquitecto de la Mar Oceana, con sus zapatillas de charol francés, bailando una tímida "Punta" entre chuñas de granito de los pescadores afro hondureños.

Que diría don Cristofóro si los viera, me imagino que invitaría a Lempira a tomarse una cervecita juntos, en "el bule" para repartirse de nuevo, y de mejor forma, estas indias occidentales.

Esperamos que don Fernando, el de las relaciones exteriores e interiores, haga su papel correctamente y pueda ser en el futuro un buen alcalde de Copan ruinas.

Mauricio Babilonia.

Antigua mina de San Miguel Arcángel de Tguzgalpa y Heredia.

LIC. ADAN ELVIR.
28 de Noviembre de1998
Le agradezco haberme publicado mis comentarios anteriores sobre el huracán. Le envío otra nota insistiendo sobre el mismo tema, para Tribuna del Pueblo. Gracias. Mauricio Babilonia.
No fue publicado por el diario

MÁS SOBRE EL HURACÁN. ALGO MÁS PERSONAL

En Tegucigalpa de mis recuerdos, y de los recuerdos de todos, las aguas volvieron a su cauce, llenándolo y rebalsándolo, y nos despojaron de lo material y lo espiritual, arrastrando con trazas importantes del pasado, el presente y probablemente parte del futuro de los capitalinos.

El agua del rio, con su elemental comportamiento hidráulico pero con inagotable terquedad y resolución (empecinamiento obstinación), se burló de nuestro razonamiento humano, reclamando una vez más su antiguo cauce por donde antaño se había paseado, para poder descargar una y otra vez las aguas que le enviaron los dioses cómplices de los cielos.

Y el torrente (agua) nos dejó pobres de obras y de recuerdos.

Fue un caudal nunca visto, talvez cuatro, o cien, o dos mil veces mayor de lo que nos imaginemos. Se vino solapado, serpenteando en la oscuridad de la noche, en la media noche de las brujas gringas, tocando muchas puertas, *tric o trip*, y exigiendo su espacio vital, y si no se lo daban, destruía la casa y se llevaba a los propietarios durmiendo, con todo y cama, y arrastraba con la calle, los enseres, la vecindad, las escrituras y las querencias.

El agua no solo se metió a nuestras salas y aposentos sino que arranco las viviendas y nos persiguió por las calles y avenidas para darnos alcance y mojar nuestras ropas, y porque no decirlo, para llevarnos consigo hasta el Fonseca. Nos inundó el presente y nos mojó el futuro.

Viviendas y construcciones históricas que fueron construidas después del diluvio bíblico ahí estuvieron estables hasta el endemoniado Mitch.

Ahora de todos los recuerdos recordare al Rio Choluteca llevándoselos en una noche de brujas. Puentes, lugares y monumentos que remembramos no solamente por su utilidad sino también por su historia, que fueron construidos después del diluvio bíblico y que desde ese entonces estaban estables en nuestra memoria, se perdieron con las aguas del endemoniado Mitch. Las casas, arbole, playas, parajes y la naturaleza socavada llevaban parte de nuestras personas. Mi hermana lo sintió mientras lloraba parada en lo alto del Birichiche que el rio se había llevado nuestras querencias de la infancia...

Ahora, de todos modos, hay que secarse y levantarse. Aunque después del último 30 de octubre, siempre que atraviese uno de los puentes de la capital tendré la sensación que el rio hijueputa me está sacando la lengua burlonamente. Volverá y aquí estaremos.

Mauricio Babilonia.

Teguzgalpa after Mitch.

LIC. ADAN ELVIR.
DIRECTOR DE *DIARIO EL COMERCIO*
25 de Noviembre de1998

El Mitch es motivo de muchas notas. Le agradezco publicarme estas letras sobre el mismo tema, para su Tribuna del Pueblo. Le deseo lo mejor en estos tiempos difíciles que pasamos en Honduras.

No fue publicado por el diario

Lo que el torrente se llevó

Como en honduras tenemos tantas contradicciones, ahora cuando digamos que las aguas volvieron a su cauce no significara, como en otros lados, que volvió la tranquilidad, sino por el contrario, que vino la desesperación.

Cuando vino todo ese mar, nos dimos cuenta que estábamos completamente equivocados, porque nos equivocamos con los puentes, nos equivocamos con las urbanizaciones, fallamos con los muros y el rio nos delato que solamente teníamos una ingeniería miserable y una planificación piruja, ambas llenas de incompetencia y corrupción.

Las montañas de los pobres valen más que las planicies de los ricos, cuando los monumentos antiguos desaparecieron lavados y los pecaminosos mercados fueron castigados con más sucio... Se sigue la ley natural. Las normas hidráulicas del agua, valga la redundancia, tan sencillas como moverse siempre hacia abajo, buscando la línea recta, emblandeciendo, socavando y erosionando eternamente y llevándose todo lo que se opone al curso del fluido.

Que pensamos hacer ahora y cuándo volverán esos caudales. Tenemos que definir cuanto será nuestro tiempo de retorno, pero el agua volverá, si no es hoy será mañana, total, para los hombres de papel en honduras el mañana solo es hasta la próxima semana, quizás un año, o talvez media vida, mientras que para el rio grande y el chiquito el ciclo podrá cumplirse el próximo verano, o en 20 años, o tres siglos o en un milenio, pero el agua de los ríos volverán a llenar su cauce completo en un momento u otro de nuestra existencia o en la vida la de nuestros hijos, nietos o progenie.

Honduras es un país de muchas aguas y casi ningún hidrólogo e irónicamente, los pocos que conozco, viven en zonas inundables y el agua se metió a sus casas. Me pregunto se después del ejemplo estaremos medianamente preparados para la próxima avenida. Por el momento, ninguna institución encargada del clima, de las aguas y de las emergencias esta mínimamente organizada ni preparada siquiera para contar lo que ocurrió. La modernización del estado y los favores personales del reinado terminaron con los pocos reductos organizados que existían en materia de aguas.

Se escuchan voces de no volver a cometer los mismos errores pero seguimos creyendo que los arboles producen agua o que paran a los huracanes y legislaremos más sobre bosques mientras que existe un anteproyecto de Ley de Aguas que en los últimos 20 años ha sido modificado 15 veces para que lo conozca un Congreso y nunca ha podido ser aprobado

Vamos a ordenar el territorio y pedir a los ingenieros que reflexionen sobre sus conceptos de diseño y sobre su ética de construcción, y talvez tendremos alcaldes municipales menos politizados y más profesionales.... y paro de contar porque ya me estoy acercando a una honduras muy perfecta que dejaría de ser honduras....

Ahora, cuando se terminen los tiempos de los "pares o nones", la próxima navidad nos hará olvidar el huracán y volveremos a los asaltos bancarios, raptos, maras, política partidarista, robo de vehículos, importación de granos, huelgas médicas y marchas indigenistas y nos acostumbremos a transitar por puentes *braille* y ver crecer la maleza en los playones arrasados. Ahora, conociendo mi país, y sabiendo de su gente, y sus dirigentes, volveremos a edificar en las vegas inundables y en las laderas derrumbables (no desburrungables), y volveremos a construir puentes de papel por la empresa que gano la licitación más baja, o la compro a cambio de usar mezclas con menos cemento, y no estaremos organizados para el próximo evento, llámese huracán o sequía, y la pobreza que destruye los recursos naturales y deteriora las decisiones de los gobernantes continúe, ahora magnificada por los desastres del Mitch, entonces...

El Mitch es algo muy especial. Casi no lo podíamos ni siquiera imaginar y nos hizo trizas.

A lo mejor también nos obliga a buscar soluciones también muy especiales y cambiar completamente de actitud en nuestro desarrollo como país.

Mauricio Babilonia.

Primera Avenida del Lodazal. Comayagüela.

LIC. ADAN ELVIR.
DIRECTOR DE *DIARIO EL COMERCIO*
23 de Noviembre de1998
Le agradezco haberme publicado mis comentarios anteriores sobre los *Michnistros*. Le envío ahora algunas misceláneas tomadas de por ahí, sobre el mismo tema, para su Tribuna del Pueblo. A propósito, le deseo la mejor ventura en estos tiempos difíciles que pasamos en Honduras.

Publicado en Tribuna del Pueblo el 2 de diciembre de 1998

Mitch-celáneas del Mitch (por supuesto)

Michología. Cuentan que la sirena (o culebra cachuda) que habitaba en la Laguna del Pescado, ahora habita en la laguna de Tegucigalpa. Por ese motivo es que a los ingenieros de SOPTRAVI les entro el miedo y no han podido evacuarla, dejándosela a los Michjicanos.

Me decía una doña de Las Lomas que si escribimos Mitch con la M invertida, se leería la palabra inglesa "Wich", que en español se traduce bruja, y como el huracán llego en la noche de brujas, todo ha sido un maleficio como si le hubiéramos fumado el puro al país y el huracán y se las saco con nosotros. ¿Qué dirán la Cleo, la Guifarro o Tranquilo y sereno de este conjuro?

Michifuzes. Como el jefe cambio de look, esto ha causado revuelo y los Michnistros y los cercanos colaboradores ya solo visten ropa informal a cual más chusco, a tal grado que parecían "michifuzes" en la comitiva del presidente francés. Hasta los periodistas andaban mejor vestidos que ellos y una diplomática comento que ojala en los bultos vengan unos pocos trajes para repartirlos a los funcionarios damnificados.

Al mandatario le quedan muy bien sus chompas y ropas de campaña. Pero...., pero... (Siempre hay un pero...), sus múltiples asesores de protocolo, de relaciones públicas y de prensa deberían de quitarle a estas casacas las etiquetas con los nombres de las marcas para que se vean más formales. Todavía recordamos con tristeza a Rosuco, que se sacó la fotografía oficial con la banda presidencial y una corbata con marca de Paco Rabane. ¡Qué bárbaro!

Michserables. Los cachurecos no pudieron con su genio y ya se han inventado un nuevo juego de "*mitch, mitchi gaña...*" para repartirse la Municipalidad entre los Ali Baba del lado oscuro. ¡Dios salve esta ciudad y a doña Vilma!

No solo con los puentes de paja los ingenieros nos mostraron toda su incapacidad. Primero dicen que tendrán solucionado cualquier asunto en tres días..., luego dicen que en 20 días..., después piden un plazo de 2 a 3 meses, y al final... nos jodimos todos. Hubo un barzón que declaro que tiene medio millón de personas sin agua pero que está buscando la forma más expedita para desaduanar el equipo de Puerto Cortés..., todo esto en una emergencia..., y después se disculpan diciendo que "el Presidente es un hipotético"... ¡Habrase visto que descaro!

Sobre la laguna de Teguz., ya han salido tres funcionarios diciendo que ya lo tienen resuelto y la laguna sigue allí..., que van a traer un equipo que está en el norte..., que ya llego un geólogo..., que un señor "Tomasito" ya tiene la solución porque la platico con unos gringos... y la tal laguna continua llenándose de excrementos y cada quien dice lo que sea.

Para resolver el asunto del tránsito acordaron conducir "hoy si, y mañana no", la solución más sencilla que encontraron aunque incongruente, atropellante e insostenible. Es peligroso cuando ponemos a pensar a un grupo de funcionarios y nos salen con una medida tan elemental como "pares o nones", eso quiere decir que nuestro *Think Tank* se convirtió en *Horchata Tank* y hay que cambiar a esa gente.

En el *hemichciclo*. Cuando el relajo, los diputados estaban de vacaciones..., ¡*hijue*, que raro!, y regresaron decididos a componer al país con increíbles soluciones: primero, una nueva Ley Forestal después de cuatro que ya hemos tenido;

segundo, el que quiera optar a un título tendrá que sembrar 24 arbolitos como requisito de ley..., ¿si no...?, ¡ahí nos viene otro huracán!; tercero, liberación de impuestos a los materiales de construcción a los que quieran construir casas para alquilar a los que han perdido todo, cuarto, concentrar capitales sociales en un banco quebrado para que se pierdan; además, se promete una retahíla de nuevas leyes incluyendo una que prohíbe los huracanes y se eliminen los días feriados... Con este Congreso mejor que nos lleven las aguas. Lo que deberían de hacer es darle toda autoridad al ejecutivo porque, en este momento, cualquier consulta es atraso.

Michtura. Doña Hilaria vino en avión USA, aterrizo en un aeropuerto USA, le dio la mano solo a gente de USA (menos don Carlos, por supuesto) y discurso en idioma USA. Mirame y no me toques. Pero nos darán 300 millones que es algo así como el costo de dos de los misiles que le piensan aventar a Sadan. ¿Cómo la ven?, se salvó Sadam con nosotros.

Como el Monseñor tiene que dar el ejemplo en eso de no decir vulgaridades ni groserías, esta vez se pasó de "*soft*" insultando a los haraganes del huracán llamándoles "pesos muertos", en vez de decirles hijos del maíz. — ¡Huy Monseñor..., no sea tan pesado, oiga!— dijo un vago del parque. Jua, jua, jua....

Mauricio Babilonia.

Cauce del Rio Grande
Tegucigalpa A.M. (After Mich)

Don Adán Elvir.
Diario la Tribuna.
18 de noviembre de 1998
Una aportación para tribuna del Pueblo. Gracias.
No fue publicado por el diario

¿Pares o nones?... ¡Nones!

"Pares o Nones" siempre ha sido la solución más pinche en un proceso de decisiones para enfrentar un problema.

En un proceso tan complejo como lo que ha ocasionado el Mitch, en otros lados estilan formar un grupo especial, *Think Tank* le llaman, para que se mantenga pensando y aporte ideas para apoyar a los que toman decisiones (para "parir ideas" como decimos aquí en el barrio), pero en "estas honduras *after* Mich", parece que lo que hemos formado para ayudarle al hombre "de las chumpas es un Horchata Tank

1.- La decisión "pares o nones" es la más grande afrenta a la capacidad de análisis mental de los funcionarios y el más grande atropello a la ciudadanía. Nadie reviso los horarios de los sectores, la sectorización de la infraestructura, la señalación de áreas restringidas, habilitaciones inmediatas,...

2.- Un Gabinete de los tantos le recomendó al "principal" que se tirara a solicitar un condonamiento total de la deuda externa. Habrase visto, hubiéramos sido el primer y único país "cero deuda" en el mundo desde la época de Constantino. Los(as) asesores(as) económicos no pudieron preverle al Presidente que no se podía solicitar lo insólito, que en nuestro pequeño mundo hay un gran huracán pero que en el mundo grande existen guerras, terremotos, xenofobia, monzones, pestes, quiebras y múltiples penurias que matan a millones de ciudadanos y a nadie, repito: A NADIE, se le condona sus deudas y se le dejan a cero. Y la primera mitad del discurso se fue en esto con un gran riesgo político para el proceso.

3.- Los funcionarios de papel se han llenado la boca diciendo que ya resolvieron la cuestión, o que esta "papaya", y que ya lo arreglan.

A los días, la laguna sigue en su lugar, el agua todavía no llega, viene la importación de granos, las pestes y hasta "chula", y entonces, a que el presidente fue "hipotético", que la cosa esta difícil..., que hay que importar el material...,

4.- Los de otro Gabinete, supongo, le asesoraron que se podía pedir plenos poderes para reconstruir a lo macho, el mentado "fujimichazo", que a lo mejor es necesario con ese Congreso de Honorables, pero tranquilo, que a nadie le gusta que después del huracán el Presidente se nos proclame Emperador así por así, si ni siquiera hemos visto un plan lógico fuera de los "pares o nones"

Mauricio Babilonia.

Primera Avenida del lodazal.

LICENCIADO ADAN ELVIR.

DIRECTOR DE *DIARIO LA TRIBUNA*

12 de Noviembre de 1998 (día de placas pares)

Estimado Licenciado Elvir: Le envío mi primer comentario sobre "estas honduras" después del huracán, esperando ayudar un poco más. Le agradecería su publicación en la Tribuna del Pueblo. Atentamente.

Publicado en Tribuna del Pueblo el 18 de noviembre de 1998

Los Mitch ministros

Hace diez meses, como es usual, el Presidente de la República
—sin saber que le venía el huracán— selecciono a sus
Ministros y colaboradores cumpliendo sus compromisos y a
sabiendas que, como él era quien los escogía, solo él iba a responsabilizarse por las actuaciones de estos. Pero ahora llego el
Mitch y nos desburrunco. Ahora el Presidente solo tiene un
gran compromiso con la historia, y sus ministros..., que ya le
habían perdido un año de su gobierno, deberán de ser exami-
nados de nuevo para ver si califican, y no hablamos de calificar
con Jaime, o con Edy, o con Miguel, o con Roberto o con
Perencejo, sino que nos referimos a ver si califican para sacar
a Honduras del lodo del huracán y del lodo de cinco siglos de
atraso y de vergüenzas.

Como el Mitch parece que se llevó a todo mundo, ahora los
ministros agendófilos andan con cuarenta gorras cada uno.
Antes solamente tenían que velar por su cartera a nivel nacional, y algunos lo estaban haciendo muy deficientemente,
pero ahora, además de atender decenas de comisiones y juntas,
tienen que responsabilizarse por rehabilitar un Departamento
territorial cada uno. Si se llama a un ministro por un asunto
de su cartera, la secretaria responde que el funcionario solo
atiende asuntos del Huracán. Otro por ahí, manda a decir que
anda con todo su personal en la emergencia, en el territorio

que le "confió el Presi", o sea, que los otros asuntos del país entero "valen riata". En las descentralizadas, como todos son candidatos a diputados, todos andan gestionando su propia ayuda para sus departamentos, y esto apenas comienza. Se fue al carajo la reingeniería, el desarrollo, la vida normal y lo que sea, ahora los funcionarios solo atienden sobre Hilaria, sobre el BM, a los Borbón y cualquier asunto del Mitch pa'arriba.

¡Pues sí, Presidente Flores!, ahora su agenda ya no es "La Nueva Agenda" nunca más. Ni siquiera lo es la reconstrucción emergente —ahora su agenda es <u>La NUEVA HONDURAS</u>— *y esto no lo va a lograr con soldados cansados de cien mochilas, ni con los mismos de antes, ni con Ministros de cien Gabinetes, ni con los mismos de siempre, por que correrá el riesgo que se devalúe su autoridad y entremos todos en una paralización emotiva y al final quedemos "hule". Deje de usar la misma gente para todo. Tiene que confiar en otros y ampliar su círculo con hondureños capaces que puedan manejar una nueva visión del país y la ejecuten desde su gobierno. Acepte este buen consejo de su amigo Mauricio Babilonia.*

Mauricio Babilonia.

Nuevo cauce del Río Grande
Tegucigalpa A.M. (After Mich).

Don Adán Elvir.
23 de octubre de 1998
Sr. No me publicó mi opinión sobre el fenómeno delincuencial del "secuestro *poporoilo*" y por eso le mando un artículo
"*soft*" sobre el argot popular. Le agradezco anticipadamente su
publicación siempre en la columna Tribuna del Pueblo.
No fue publicado por el diario

Yo desburrungo, tu derrumbas, él despupuza...

Cuando leí la noticia en La Tribuna que decía que se habían desburrungado los muros de la Penitenciaria yo la entendí plenamente, y a los días aparece una dama en la Tribuna del Pueblo aclarando que la tal palabra "desburrungar" no existe, porque no está en los diccionarios, y que debería de decirse "derrumbar", y supongo que los que entendimos facilito el termino deberíamos de revisar como se ha incrementado nuestro "nivel de pencada", tan ascendiente entre los capitalinos desde que pavimentamos las carreteras a las cabeceras departamentales.

Levante una pequeña consulta sobre el particular con algunos "congéneres" de mi época, antiguos conspicuos adolecentes criados en Teguz, en el Barrio Abajo, La Hoya, Calle Real, Morazán, Villa Adela y otros antiguos barrios populares y quede asombrado, *¡juepuchica!*, de la gran riqueza de seudónimos "no autorizados" que estos barbaros capitalinos tenían para la misma expresión, y aunque brinquen los perfeccionistas del lenguaje, nosotros, los de la antigua Villa de San Miguel como que si le entendemos al termino de La Tribuna (total, en otros países tampoco hay "semáforos tierra-aire" para aviones y carros), y además, recopile los siguientes verbos de nuestro argot que se pueden conjugar para comunicarse con los demás cuando se quiere contar que se "derrumbo un muro", y esos son: desburrungar, despupusar, descachimbar, descalabrar, despijar, descachinflar, despurrungar, desmadrar, despachurar, desguabilar y desplomar.

Posiblemente los verbos mencionados estén en extinción por ser jerigonzas locales y porque la Academia no los oficializo, además de que las nuevas generaciones, o maras, hablan ya con otros términos diferentes, pero todavía se entiende sin acudir a los diccionarios cuando leamos titulares como: "Presidente Flores desguabila a su ministro Perencejo", o "Se despupusa el Lempira frente al Dólar", o "se descalabra el lado oscuro de o "Gran despije en la cúpula tal...", o simplemente algo como que por ahí que se quieren "desburruncar a alguien" por un desmadre que hizo, sino... pregunten a los políticos.

Mauricio Babilonia.

Antigua Real Minas de San Miguel Arcángel de Teguzgalpa y Heredia.

LICENCIADO ADAN ELVIR.
DIRECTOR DE DIARIO "LA TRIBUNA"
Tegucigalpa, M.D.C. octubre 6, 1998
Estimado Lic. Elvir: le envío algunos cometarios sobre un tema caliente, aunque solo la punta del iceberg, solicitándole me lo edite en Tribuna del Pueblo, rogándole disculpas por tatar de la soga en casa del ahorcado. Gracias.

Mauricio Babilonia.

No fue publicado por el diario

Una merienda de periodistas

Hace algún tiempo se ha venido incrementando fuertemente la presencia e intromisión de los gremios del gremio de periodistas en todas las actividades del país para bien o para mal —pero más para mal— porque existen muchas situaciones del periodismo muy desagradables que deberían de llamar a la reflexión por parte de la sociedad para ir poniendo un poco de orden y que el gremio no caiga en el desprestigio total y que la prensa, como dijo Sharon Stone, vuelva a su lugar digno y respetuoso.

Todo comenzó hace varios años cuando se incluyó a los periodistas en los presupuestos de gobierno, los oficiales y no oficiales, al grado que cuentan de que algún Presidente "que si se las sabia" tenía a casi todos los periodistas en planilla y siempre era calificado como un buen gobernante, hasta que no pudo esconder más la doble contabilidad y cuando el siguiente presidente los canceló "porque no entendí el trámite" se enojaron y le hicieron la vida imposible.

Se cree y comenta de que hay mucha corrupción y chantaje por las agencias de prensa y por los comunicadores independientes, por lo que un político o funcionario tiene que dar espacios, regalos, coimas, contratos o cenas navideñas para tener contentos a los "chicos de la prensa" sino le sacan los trapitos al sol, aunque sea con noticias falsas para que escarmiente. Si el que no paga es un político le hacen la ley del hielo, lo ponen bajo en las encuestas y le publican la foto más fea con sus apodos y exabruptos.

Radio. Prensa y TV se encuentran bajo especulación, negativismo, sensacionalismo y mediocridad. Las noticias lo enfocan de lo peor de los sucesos con descripciones pobrísimas de los mismos sin ninguna investigación profesional. Las entrevistas son una simple repetición de respuestas tontas a las preguntas necias y capciosas de los entrevistadores. Durante las mañanas, tarde y noche hay espacios de comentaristas radiales llenos de vulgaridades, pencadas y ofensas para con los pobres personajes criticados dirigidos por parcializados que hasta ofenden a los mismos participantes de su audiencia.

Como en la actualidad tenemos a un Presidente periodista, hijo de periodista y empresario del periodismo pareciera de que el gobierno se siente más a sus anchas y la "merienda de periodistas" es más notable. Mientras que ningún gremio profesional es atendido con premios por sus méritos científicos o servicios a la nación los periodistas tienen un sin número de preseas que los políticos se pelean por entregarles y cada día se fundan más galardones por los Tres Poderes para quedar bien con ellos. Hay periodistas por todos lados: Ministros, diputados, alcaldes, concejales, embajadores, viceministros, directores, becados, asesores, regidores, asistentes, invitados especiales y todo tipo de colocaciones de gobierno. Ahora los periodistas mantienen una gran pugna publica por viajar en el sequito oficial del Presidente, y el colmo de los colmos es que ahora el "Diputado del año" es escogido por los comunicadores que trabajan en el Congreso —habrase visto que terrible payasada—, el premio más alto para un congresista lo decide las hordas de reporteros, camarógrafos, fotógrafos, entrevistadores y otros que atienden la agenda política, y sin reglamento, sino que por favores prometidos o recibidos. ¡*Hijue*, que Dios salve a estas honduras!

Esperamos que los empresarios del periodismo, todos de "buenas familias", que ganan "buenísimo pisto" con este negocio, todos honorables, sean menos mercenarios y analicen sobre el verdadero rol informativo que debería de tener la prensa en Honduras y fomenten una verdadera jornada de reflexión y cambios, tal vez más seria y más profunda que la mentada "onda positiva" para colaborar con una vida mejor para todos los hondureños.

Mauricio Babilonia.

Cerro Juanalaynez.
Real Minas de San Miguel Arcángel de Teguzgalpa y Heredia.

Sres. La Tribuna.

7 de septiembre de 1998

Licenciado Adán Elvir Para la columna Tribuna del Pueblo.
Y aprovecho para felicitarlos por su excelente publicación en
Internet. Gracias

Mauricio Babilonia.

Publicado en Tribuna del Pueblo el 13 de septiembre de 1988

Puente "Mauricio Babilonia"
¿Cómo la ven...?

Siempre hay en el periódico la noticia sobre una inauguración oficial de cualquier obra donde se devela una "placa". No importa que obra sea, siempre los funcionarios quieren que sus nombres "queden en placas" para la posteridad. Resulta que hace unos días, un funcionario del Fondo Cafetero, de nivel "*mirrimiau*", inauguro unas obras que de todos modos tenía que hacer porque para eso está y para eso le pagan, con unas placas en donde el "*pizpireto*" funcionario había puesto su nombre en letras mayúsculas e INMENSAS, junto con los nombres de por lo menos 14 paisas más en letras minúsculas, y lo mejor es que el mentado gerente solo tiene cinco meses *old* en el cargo y todavía no sabe si continuara con la Agenda, y ya le puso su nombre a un puente público, siendo lo más simpático que no fue su dependencia la que construyo las obras sino que fue otro instituto de por ahí, con la plata de otros ciudadanos de por allá, y como el Presidente Flores llegó a la celebración..., de prisa tuvieron que agregarle una "placa portátil" con el nombre del mandatario, de esas para toda ocasión, pero con letras medianitas.

El mentado puente debió de haberse llamado Puente San Nicolás, Puente Rio Blanco o Puente Cafeteros, o puente APROHCAFE, o hasta "*New Notbook Bridge*" es aceptable, pero imagínense, ponerle Puente Zutano López o puente

Mario Perencejo es todo un irrespeto a la historia de nuestras comunidades que no merecen perder su identidad ni subvaluar su patrimonio cultural por las vanidades y desviaciones egocéntricas de los efímeros y fugaces funcionarios de turno. ¡Que despelote hay caramba y nadie pone orden!, ni quien "*tire línea*", y cualquiera hace lo que quiere y como quiera con tal de salir en las placas.

En tiempos del *rosuquismo* (¡Huyuyuy, que dije!), cada funcionario le ponía una placa con su nombre a las obras de su institución o de su territorio. Las escuelas llevaban el nombre del diputado de turno (imagínense la vergüenza de un buen alumno decir que se graduó en el instituto Mengano..., y cuando le pregunten ¿Qué quién era Mengano?, tener que responder que fue un oportunista político, lana y prepotente de su lugar, que compro la diputación, estuvo preso...). Los puentes de SECOPT también tenían nombres, las invasiones urbanas se llaman como los dirigentes y alcaldes del partido y cuentan que en las postrimerías del gobierno se pretendió fundar la "Ciudad RSC" en el Patuca y hasta creo que hay una iglesia con el nombre de la mama de alguien.

Se exhiben hermosas placas en proyectos que nunca funcionaron y podemos encontrar monolitos armados que sostienen placas donde ya existen las obras. Total, que nos hemos llenado de placas con los nombres de cualquiera que ocupo una posición pública de sexto nivel, al grado de que se fabrican placas para primeras piedras, placas de primera, segunda y tercera etapa, placas de inauguración y re-inauguración, rehabilitación, reconstrucción, remodelación, de modernización, de fundación y otro variado de motivos inventados, tal grado que ciertos proyecto sostienen siete u ocho placas para la misma obra y a veces las placas salen más caras que la obra en sí, y cuentan que recientemente un funcionario "agendofilo" quería instaurar la placa de la "re-ingeniería". —!*Quijue*, que bárbaro!

Y los nombres en las placas caen en el olvido porque pertenecieron a "funcionarios de tuza", sin embargo, el asunto inspiro a un pequeño burgués sonador de los nuestros (cabezacalientes, les llaman por Hibueras), quien en un acalorado discurso les dijo a su minoría que algún día, cuando se instalaran los paredones populares en "astas honduras", estos patíbulos se estrenarían con los personajes cuyos nombres aparecieran en las "once mil y una" placas existentes terere, terere...

Mauricio Babilonia.

Puente Café con Leche.
San Miguel y Heredia.

LICENCIADO ADAN ELVIR
DIRECTOR DE DIARIO "LA TRIBUNA"
Tegucigalpa, M.D.C., Agosto 26, 1998
Estimado Lic. Elvir: le envío cometarios sobre alguna noticia de actualidad, disculpándome porque resultó un poco largo, solicitándole me lo edite en Tribuna del Pueblo. Muchas gracias.
Mauricio Babilonia.
No fue publicado por el diario

Un secuestro "poporoila" (Crónica de…)

En "estas honduras" vivimos recientemente un abominable acto delincuencial, que por el estilo de vida de sus protagonistas y por nuestra peculiar forma de tratar estos asuntos, se convirtió en un espectáculo "versallesco y de vivido glamour" como diría nuestro Canciller de las camisitas coloridas.

Resulta que un día cualquiera, como cosa aparte, un señor, dizque conocido políticamente, se lanzó par candidato a la presidencia de la Republica, pero como quincenalmente se lanza cada bárbaro para el mismo fin, el grito de Siguatepeque pasó inadvertido para todo mundo.

Una semana más tarde, a este mismo señor le raptaron a su hija en un operativo delincuencial muy efectivo, y de repente nos damos cuenta de que los secuestradores andan volando alto porque la familia afectada son parientes muy cercanos del Presidente de la Republica, y también consanguíneos de los eternos dirigentes rotativos de todas las organizaciones empresariales habidas y por haber en "estas honduras", y que son toda una familia muy importante, entonces, por motivos del secuestro se comienza una verbena generalizada en nuestra sociedad, y esa noche vemos en la "tele" en la mansión *open house* del empresarios, las caravanas de funcionarios, filas de políticos, diplomáticos, autoridades, ex presidiarios, monseñores y amigos; millones d3e reporteros, pastores, candidatos y parientes que vienen a "solidarizarse" por lo acontecido, todos bien vestidos, apurados, compungidos, oportunos, almidonados y compuestos.

Resulta que ahora todos eran amigos del hombre. Conocidos personajes llaman a la cordura. Todos quieren participar, se pelean por ser mediadores y estar dentro del "rollo". Se suplica piedad a los plagiarios, se invoca a la oración colectiva y todos los poderosos dan declaraciones para darse publicidad.

La prensa enloquece con el pastel y la opinión pública se pone frenética. Se exige "ipso facto" la seguridad ciudadana. Que se "castre" a los delincuentes dice otro por ahí. Que se proclame el estado de sitio. Que suspendan las garantías constitucionales. Aprobar la pena de muerte le piden a los "diésel" del hemiciclo. Construyamos guillotinas municipales. Un desarme general. Adquisición de armas y helicópteros por compra directa (¡ojo "papa"!). Hay que imponer la Ley Seca piden los AA. "Don Lentes" llama a conferencia de notables. Se sospecha del involucramiento de algunos Generales. El PN clama seguridad para sus líderes perseguidos... Mucho nerviosismo. El nieto del nuevo "sin cartera" le sampa todo el chifle 9mm a un salta tapias. Aparecen los controles en las carreteras. Pesimismo. Se ahuyenta la inversión. Los ricos juran que se van a USA, y en el ínterin del *affaire*, la noticia saturó todo el espacio periodístico y desatendimos la picardías del tal Clinton con la Mónica y se calmaron las revelaciones del Gallo con el *Godzilazo* de los Sextos...

Por otro lado, los mismos catrines que acompañan al empresario afectado le levantan una nube de comentarios: ¿Qué fue auto secuestro?..., ¡no!, lo que pasa es que el hombre tiene muchas deudas y... ¡yo sé que es un chantaje político!..., a mí me dijeron que es pura publicidad; no, lo que pasa es que quieren presionar al Presi... ¿Que si dio pisto? ¡Que no lo dio porque no tiene!..., pero dice una dama que fueron cuatro millones... ¡que no!, porque son profesionales y pidieron una transferencia. De cuenta a cuenta por "el *imeil*", y en lo mejor del chisme (o zorrada) aparece la susodicha secuestrada tranquila y serena, sana y salva (gracias a Dios), y todos los amigos de nuevo a visitar al hombre para felicitarlo, ahora en una clínica "*open house*", otro desfile y boato, y de nuevo los pesados periodistas preguntando si la llanta de repuesto era lo suficiente cómoda para almohada...

A los pocos dais otro show ¡jodido! Esta vez en el "Hato del Miedo", donde imperan los Vatos, la 18 y la Salvatrucha, donde jamás pasa un solo "*cuilio*" y donde todas las noches raptan a un menor, pero de repente, apareces cientos de efectivos de la DIC, de la Fiscalía, de la Policía preventiva y de la investigativa, israelitas, vistiendo todo tipo de uniformes; portando diferentes armas, con cascos, de gorras oficiales, pañuelos, gorros de baño, gorras Nike, pasamontañas, mascarillas quirúrgicas, anteojos oscuros, chalecos, fatigas, granadas, correajes, neveras, guantes plásticos... — y aleluya—, la buena noticia de que todo resultó y que al fin cayeron los malos de la película, y de nuevo el mismo currículo vitae de nuestros bandidos criollos: ex militares, ex 3-16, del FUUD, agentes de seguridad personal de los mismos idiotas empresarios, ex agentes DNI, con acento extranjero, guardaespaldas conocidos, con armas militares, amigos y recomendados de políticos, etc. etc. y de nuevo los funcionarios dando declaraciones como el mero jefe de la policía, el 18-Conejo (que quería ser ministro), no se aguantó pa'lucirse y se fue de "*jachas*" explicando en la radio a dos locutores sonsacadores todos los pormenores de la estrategia utilizada y sobre la nueva tecnología de la policía (para que aprendan los otros picaros), y dijo que si encontraron el *money* pero que no lo encontraron... y entonces uno de los barbaros periodistas, dando su lucido aporte le indico al "*chepo*" que, para confirmar que el vehículo de los bandidos era el mismo del secuestro había que meter de nuevo a la muchacha en el baúl del carro ¿a ver si cabía?...

Ahora vendrá la acción der la justicia y comenzara la eterna leguleyada. Que yo no fui..., que fue Tete, y seguramente un licenciado con cejas pobladas o corbatín defenderán a los bandidos y don Custodio, las Chonas y la Osejo querrán un poco de agua para sus molinos y se pronunciaran por los sucesos. Los Tigres no tardaran en comunicar que todos los "angelitos" no están en su registros y que no es más que una campana tendenciosa bla, bla, bla...; y las pruebas vendrán, y las pruebas irán y pasaran muchos años en juicios y declaraciones y luego los malos, con la ayuda de una hoja de afeitar, se escaparan de la prisión que construyo Callejas y de seguro se irán a vivir a España y colorín colorado..., hasta el próximo secuestro *poporoilo*.

Mauricio Babilonia.

Hato del Miedo.
Antigua Villa de San Miguel de Heredia.

LICENCIADO ADAN ELVIR.
DIRECTOR DE DIARIO "LA TRIBUNA"
Tegucigalpa, M.D.C. Agosto 14 de 1998
Estimado Lic. Elvir: le envío un cometario alusivo a los
Sextos Juegos solicitándole me lo publique en Tribuna del
Pueblo. Gracias.

Mauricio Babilonia.

Publicado en Tribuna del Pueblo el 25 de agosto de 1998

¿UN TACUAZIN EN EL GALLINERO?

Recordando al Piporro: <<*Su madre se lo decía: Rosesta noche no saleshum...*>>

Y tal como a Rosita Elvirez, su madre se lo dijo, —se lo advirtió la señora— y la Rosita de porfiada se fue a la fiesta porque a ella le gustaban los bailes... e Hipólito l amató, la mató. L amató... (... no más tres tiros le dio hum...)

También al Gallo se lo dijeron: "no meta a esos pollos en su gallinero" mijo... ¡que les gusta picar huevo...! Pero el Gallo necio, porfiado porque él "con el ala mataba", asesorado por sus parientes cercanos, los (*very very close*), no solo los metió sino que los tuvo, los sostuvo, los retuvo y los mantuvo en el gallinero —!y malhaya, ojala solo hubiera metido pollos y gallinas con cola larga!— sino que el bárbaro dejo que se le metieran tepezcuintes, guazalos, mapachines, hurones, armadillos, pizotes e iguanas, que le comieron el mandado, y solo le hicieron el juego (o los juegos) al Presi, sino que le desacreditaron la Revoluca.

Así como a Rosita Elvirez le fue tan mal en la fiesta del corrido, a los "Queen" también les pueden meter el espolón..., fíjense qué tal de invisibles andan: el uno quiere la ONU, el otro se metió al BECIE u el consuegro va pa'precandicato de los carapintadas liberales, imagínense que "palacio de cristal"..., y hasta ahora vienen a darse cuenta que a lo mejor metieron a un tacuazín en el gallinero y los puede dejar "hule" con sus modestas aspiraciones.

Moraleja: El poder ciega mi querido gallo y no siempre los parientes y amigotes visten como la esposa del Cónsul romano…, por lo tanto, también hay que escuchar los consejos de la comparsa, que si les hubiera hecho caso, otro gallo les cantara.

Mauricio Babilonia.

Cerro Juana Laynes.
"estas honduras"

LICENCIADO ADAN ELVIR.

Tegucigalpa, M.D.C., Agosto16 de 1998

Estimado Lic. Elvir: le envío mis cometarios alusivos a los tres poderes del estado, solicitándole me lo edite en su columna Tribuna del Pueblo.

Mauricio Babilonia.

Publicado en Tribuna del Pueblo el 22 de agosto de 1998

PRESIDENTES DE LOS TES PODERES: ¡LÉANME "PLIS"!

Nuevo gobierno, nueva Agenda, nueva Capital, nuevos funcionarios, nuevos sueldos, nuevas *runners*..., pero por amos de Dios señores Presidentes de los tres poderes..., todos los demás que estamos cautivos en este país no somos nuevos, somos los de siempre y cada día más jodidos, y si ustedes no son lo suficientemente juiciosos e inteligentes para hacer cambios a tiempo

, en dos o tres meses más se perderá el encanto del comienzo y ustedes se3 convertirán, como en la Cenicienta, en los ratones que jalan la calabaza, así como los funcionarios de siempre.

Al señor Presidente del Ejecutivo lo tienen allá, aislado y solo, en las alturas. Todos se lo decimos, sus cortesanos no le dicen la verdad porque no la entienden o porque le tienen miedo. Los funcionarios pasan contando cosas en la radio y pagan anuncios con información inflada, incorrecta y mentirosa, sin haber forma de hacerle conocer a "el jefe" algunas crudas verdades de la realidad. Y el tiempo se pasa y se termina la luna de miel.

Los gobiernos en "estas honduras" tienen cuatro años de periodo cronológico para los habitantes, pero para la burocracia el tiempo es mucho menor porque solo en el inicio se tardan medio año para "ponerse las pilas" y otros tres cuartos de año al final para hacer política. Además hay cuatro navidades de a mes, doce meses de inactividad por recorte y aprobación presupuestarios; un mes se nos va en semanas santas y un mes de feriados, por lo tanto solo quedan un año y tres meses para trabajar de verdad. O sea, Don Carlos, que si usted no se arma ya con verdaderos equipos de trabajo *"nise tire"* con la Agenda que ya se fue este año y hasta ahora solo funciona "lo del doce".

Al Presidente del Legislativo le suplico que entienda que el Congreso en nuestro país es algo así como la "cara sucia de la democracia", no por su concepto en sí, si no que por el comportamiento de sus integrantes. Por el momento, lo que se ve en el Congreso es politiquería, indisciplina, mercantilismo político, haraganería, incompetencia, viajadera, venta de carros y muchas otras cosas malas más. La imagen es que "son la ñola" y no se ve mucha luz y esperanza en ese poder del estado. Es preciso que usted sea atrevido y riguroso con esa multitud amorfa de "políticos" costosos que se han ido a guarecer en el hemiciclo.

Al Poder Judicial: ¡*pucha* Presi!, la mara lo queremos ver "magistral" y no con esos "dimes y diretes"… y que dame la varita mágica…, y los *"llevaitrae"* con el Fiscal. Esperamos que se luzcan como funcionarios cojonudos pero que siempre mantengan la altura, guarden la prudencia y el recato y tengan la cordura y el respeto que se merece la población por parte de sus magistrados, y comiences a trabajar en los serios problemas de injusticia que agobian nuestra sociedad.

Sobran los del "Cuarto Poder", que Dios me salve. (¿A ver si me publican esta?)

Mauricio Babilonia.

Plaza de la Democracia, Tegucigalpa.

LICENCIADO ADAN ELVIR.
DIRECTOR DE DIARIO "LA TRIBUNA".

21 de julio de 1998

Por favor Lic. Elvir. Mando mi segundo comentario sobre el pobre de Cristóbal Colon (el primero no me lo publicó). Para que también se escuche la opinión de un criollo de vez en cuando. Gracias

Publicado en Tribuna del Pueblo el 28 de julio de 1998

OTRA VEZ CON COLÓN

De nuevo los ladinos dirigentes indígenas le inculcan a las etnias sus dosis de odio, aunque "*seya*" un día al año o dos…, para que se manifiesten violentamente contra los conquistadores. Parece que a las etnias hay que mantenerlas "en efervescencia" reclamando sus querencias que perdieron desde hace cinco siglos para que den a sus directivos una razón de cobrar buenos sueldos a las ONG europeas.

La vez pasada destruyeron un monumento de la Capital para mostrar su "indigenismo" y ahora enjuician al Almirante Colon por haberlos descubierto —que a tiempo lo hizo—, sino, imagínense como estuviéramos: ¡rejodidos!

Resulta que nuestros antepasados precolombinos en Honduras, o sea Lempira y sus contemporáneos, no conocían la rueda, ni la escritura, ni podían forjar metales, ni usaban el arado. Vivian de la caza y peleando entre ellos de forma cavernaria. Ya habían tenido su primer gran fracaso que fue el desastre de los Mayas, una supuesta gran cultura clasista que sucumbió porque no pudieron manejas ni siquiera su medio ambiente.

Actualmente, la super extrema "pobreza-pobreza" predomina en las comunidades Lencas que no viven de forma muy diferente que antes de llegar Colon. En vez de tomar acciones para vivir como seres humanos, más nos distraemos echándole la culpa a Don Cristóbal por nuestra pobreza actual y secular. Tenemos que admitir que no es nunca más la culpa del genovés: el alcoholismo, el incesto, el analfabetismo, las supersticiones, el adulterio, la insalubridad, el atraso tecnológico, la promiscuidad y la lucha de poder en nuestras comunidades "étnicas" (entre comillas). Este atraso lo continuamos manteniendo los mismos indígenas y los dirigentes, los caudillos, los políticos, los activistas, los ecologistas y los etnitistas porque seguimos creyendo que hay que volver a la caverna para redimirnos y hay que llenarnos de odio contra los blancos y contra los criollos, y contra ladinos, chinos, árabes y contra todo aquel que no tenga el pelo "hincho", y después, cuando derribemos sus imágenes y sus templos y los juzguemos a todos descubriremos la rueda Garífuna y el arado Lenca, la gramática Tolupán, la medicina Tawuaka, la imprenta Chorotega, el bahareque Pech, la fragua Chortí, la brújula Misquita, la pólvora Suma, el calendario Maya y el decálogo Pipil y seremos felices de nuevo los indios hondureños.

Mejor no volvamos desde tan atrás porque ya tenemos camino recorrido. Partamos todos desde ya y empujemos fuerte paisas, ¡pero en la misma dirección!

Mauricio Babilonia.

Parque la Concordia.
Antigua villa de San Miguel de Heredia.

LICENCIADO ADAN ELVIR.
DIRECTOR DE DIARIO "LA TRIBUNA".
26 de junio de 1998
ESTIMADO LIC. ELVIR: Por favor, le envío una colaboración para que sea publicada en su formidable columna Tribuna del Pueblo. Gracias.

Mauricio Babilonia.

Publicado en Tribuna del Pueblo el 2 de julio de 1998

Los políticos y la cola

Últimamente, un *"old fashion"* pre candidato liberal dijo en uno de sus múltiples cumpleaños que la próxima presidencia le toca a él, porque "él ya hizo cola"…, je, je, je, me cayó en gracia la simpática justificación de su "auto predestinación política" y me llamó a pensar sobre este asunto de las colas y los políticos.

Resulta que el *"every time"* precandidato liberal *jampedrano* de hace muchas décadas, exige que el que sigue es él, porque él está en la cola (y porque Dios lo designo solo porque se despupuzó en un helicóptero, o sea que el piloto y el mecánico van a ser presidentes después), como si solo es cuestión de yo me paro y espero y me la dan…

En el Partido Nacional ocurre algo similar con lo de la cola, solo que allí lo que pasa es que están en colapso porque casi todos los candidatos "tienen cola" y algunos la tienen muy quemada y a sus "gallos tapados" ni se les ve la cola. En los partidos pequeños también hay síntomas de "colitis" política, en esos club familiares se están haciendo monos de tanto esperar, o sea, "les está saliendo cola"

En el Congreso y la Nueva Agenda también aparece la cola por todos lados con las múltiples "colaboraciones del nuevo candidato RAPINPON, con los diputados que visten como rocola, con los colados en el gobierno, con los mapaches

Coca-Cola y las acciones colaterales en El Sapo entre Mel y el Edil *"Fat-man"*…(¡juepuchica!, ya parezco de la Americana).

Y mientras tanto, los ciudadanos-ciudadanos seguimos también haciendo cola esperando el progreso, con el presupuesto familiar que parece colador, mientras los políticos "hacen cola", "tienen cola" y les "sale cola" para llegar a la presidencial.

Mauricio Babilonia.

Cerro Juana Laynes.

LICENCIADO ADAN ELVIR.
DIRECTOR DE DIARIO "LA TRIBUNA". SU OFICINA
12 de junio de 1998
ESTIMADO LIC. ELVIR: Quejándome porque no me
han invitado a su bonita fiesta de periodistas el pasado 5 de
junio, le adjunto un comentario para Tribuna del Pueblo.
Atentamente.

Mauricio Babilonia.

Publicado en Tribuna del Pueblo el 20 de junio de 1998

Graduación circense en la "UNAH"

Me invitaron al acto de graduación que organizó la UNAH para honrar a como 700 nuevos profesionales y quedé asombrado del desorden de la ceremonia. ¡*Puchica*, que despelote! NADA salió bien, NADA fue ceremonioso y NADA fue profesional. Parecía un circo o un estadio.

El auditorio a cielo abierto se llenó de público y entraron los nuevos profesionales vistiendo su toga y birrete. Los novicios se miraban desalineados y desordenaos, todos usaban el birrete de forma diferente, unos pa'tras y otros pa'delante, otros pa'elado, con diferentes colores de borlas: unos amarillos, otros azules y combinados; con diferentes togas, negras, azules, desteñidas; muchos mascando chicle; otros sin birrete portando bolsas plásticas o papeles en sus manos, carteras colgadas, cámaras fotográficas, audífonos para escuchar el futbol y, lo más patético, varias graduadas madres tenían que cargar a sus hijos con ellas porque a lo mejor no tenían con quien dejarlos.

Cuando los graduados se sentaron, todo el espacio libre se llenó de fotógrafos. En las gradas, escenario, pasadizos había decenas de fotógrafos, 60, 60 o 70 tipos con máquinas fotográficas, caminado por todos lados y en medio de los graduados y autoridades, llenando las gradas e interrumpiendo y quitándole prestancia a la ceremonia.

Los graduados jugaban y platicaban entre ellos y muchos llegaron tarde, a tal grado que cuando se efectuó la juramentación todavía había graduados vistiéndose la toga en los pasillos y entre el público. Al regresar de recoger su "cartón" los nuevos profesionales se paraban a modelar para atender a los vendedores de fotos, sin ningún protocolo, disciplina o respeto al acto.

El maestro de ceremonia se excusaba mucho de sus errores y comentaba aspectos fuera de la temática de la ceremonia y, como una sorpresa de mal gusto resulta de que había varios políticos y "padres especiales" entregando personalmente los títulos a sus hijos, como si esto fuera una fiesta familiar de cumpleaños y no una ceremonia solemne. Por algo que no entendí, la graduación fue matizada con un coro que cantaba "bombas" y tonadas folclóricas como si fuera una velada y solo faltó que llevaran a los Garifunas o a una pareja de tango a bailar el acto. En medio de la concurrencia y los graduados habían vendedores de golosinas, con cajas chicleras, y cualquiera podía comprar refrescos en bolsa con su pajilla y charamuscas, aun dentro del grupo de graduados había gente comiendo y bebiendo en botellas plásticas afeando la ceremonia.

A Doña Belén, quien no estuvo presente y debió estarlo, le pido que no nos defraude. La UNAH es un solemne desorden de mal gusto y de mucho daño para nuestro país y esperamos que ella no sea como "el invisible", "el magnífico". "el ecológico", y "el desconocido" que la precedieron y ponga ORDEN, DISCIPLINA Y CADEMISMO en la "U".

Mauricio Babilonia.

Cerro Juana Laynes.

Licenciado Adán Elvir. 2 de junio de 1998

Un atento y cordial saludo. Le envío mis comentarios para ser publicados en Tribuna del Pueblo. Gracias.

Publicado en Tribuna del Pueblo el 7 de junio de 1998

El amarillo de los postes del "gordito"

En la reciente campaña electoral nos acostumbramos a las guasas y ocurrencias del doctor Castellanos (autodenominado "el gordito Castellanos". Al cual el pueblo nacionalista le dio su voto y este ganó la alcaldía de la Capital del país. Ahora tenemos que soportar una gracia más del Alcalde como son los postes de Tegucigalpa, pintados de azul-amarillo-azul, los colores de su "corriente" (no de sus votantes), como una burla sarcástica a la Capital y premonitoria de una futura gestión política irrespetuosa y chabacana, como gracioso es su auto apodo, pero esta vez el alcalde se llevó también consigo a los honorables miembros de su Corporación Municipal que guasean conjuntamente con el Alcalde por sus ocurrencias de forma "colegiada".

El color azul chillón de los postes del Alcalde proviene del azul marino nacionalista que ha venido siendo degenerado primero como azul-cachureco de Callejas y luego azul-Oswaldista y ahora azul-gordista, o azul-rechonchista, o como se nos vuelva a apodar el Alcalde para su campaña presidencial.

El origen del amarillo del gordito es más interesante, dramático, y como el Tango..., tiene gusto a muerte. En tiempos de Rosuco "mi General" Álvarez Martínez uso el amarillo y negro en un nuevo emblema militar que se usó en los uniformes y unidades del ejército. Una especie de esvástica de ocho patas que daba la impresión que giraba. En esa misma época, el mismo General Álvarez, con un grupo de empresarios y los integrantes de la Asociación Para el Progreso de Honduras APROH, financiaron la campaña del FUUD con los colores amarillo y negro para combatir a los FRU en la Universidad y poner de Rector en esa institución al secretario de la APROH, el ex Magnifico de las "cervecitas heladas", el abogado Oswaldo Ramos Soto. Este ex Rector, tomó el amarillo de la Seguridad Nacional y lo combino con el color de su partido, lanzando como emblema de su movimiento una bandera de fondo azul-cacho con su nombre en color amarillo APROH-FUUD. El Gordito, como un fogoso es Oswaldista y celebre ex ministro de Callejas (otro ex directivo de la APROH), en una más de sus genialidades, selecciona como logo la forma de un circulo (ofensivo a su silueta), le pone de fondo el color azul-cachu-reco-desteñido y lo rodea con una banda exterior y su apodo en color amarillo-APROH-FUUD-Oswaldista, por consejo de sus asesores publicitarios y políticos que al parecer son los mismos que asesoraron a las corrientes del Partido Nacional en los tiempos de "mi General".

O sea que, a los ciudadanos capitalinos, cuando vean un poste piensen que con sus impuestos distritales están financiando ese desagradable amarillo aproh-fuud-oswaldista-gor-dista al que después, algunos activistas nocturnos le pondrán un círculo con alguna cosa adentro. ¿Qué buena imaginación, no?

El Comité Vial y Transito deberían de protestar porque el amarillo s un color indicativo de la simbología vial y vehicular, pero los chavos ni se dan cuenta. Y los de la ENEE, los dueños de los postes, otros perdidos!!!

Mauricio Babilonia. Cerro Juana Laynes.

ADAN ELVIR.
DIRECTOR DE DIARIO "LA TRIBUNA".
21 de mayo de 1998
ESTIMADO LIC. ELVIR:
Por favor Lic. Elvir, sin poner atención a los nombres de mis personajes, publíqueme mis comentarios en Tribuna del Pueblo. Gracias. Mauricio Babilonia
Publicado en Tribuna del Pueblo el 27 de mayo de 1998

Los bolsones, doña Mary, doñas Gloria, Orbelina y Lizzy y yo

Que interesante cruce de opiniones, sentimientos y emociones de nuestras damas cronistas solo porque la Primera Dama cumplió una de sus múltiples funciones dando bolsones a los escolares pobres.

Solo imaginémonos a la Primera Dama en un proyecto de natalidad o educación sexual, repartiendo pastillas o anticonceptivos... ¡*Quijue*!, se cae el mundo, se arma la de Troya, le da patatús al Monseñor y se la comen viva los "Opus" y Raymundo y medio mundo: "a terminar con ella *seadicho*".

Doña Gloria hizo sus comentarios y le cayeron las avispas por todos lados. Hay mil comentarios a la autora y a sus comentarios. ¡Qué no le dijeron a la doña, oigan! Si le cuestionaron sus sentimientos más profundos y hasta le recomendaron que visitara al "de agudos".

Por qué tanto derroche de emociones si lo que deberíamos de hacer con doña Mary es contemplarla, ayudarla y felicitarla.

Contemplémosla, porque evidentemente es una mujer de gran presencia, guapeza y sencillez, que gusta al "buen gusto", ya sea inaugurando una clínica, representándonos en el exterior, chineando a un niño desamparado y hasta repartiendo bolsones, total..., todos ganamos con su exquisitez.

Ayudémosle porque el problema de ella es de todos y tenemos que aplaudir sus acciones y comentar nuestras opiniones respetuosas, aunque sean comentarios opuestos, que también ayudan mucho. A veces una defensa "a la Orbelina" más afecta que mejora.

Y también felicitémosla porque cumple su labor de gran manera, tanto las actividades magnas de su Nueva Agenda así como también las actividades sencillas como es repartir bolsones (que son restos de las Agendas de "la Sombra" y "el Gallo" ya que todo es parte de su obligación como personaje público y lo está haciendo de gran corazón.

Siga adelante doña Mary que Mauricio Babilonia y su combo lo apoyamos. Siga opinando doña Gloria que es bueno escucharla. No lo tome tan a pecho doña Orbelina que le puede hacer daño y no se altere tanto doña Lizzy que su mama ya no es sólo su mamá, sino que "nuestra primera dama" y está sujeta a que la admiremos y manifestemos nuestras opiniones sobre ella como la principal figura pública femenina en nuestro país.

Mauricio Babilonia.

Juanalainez, Tegucigalpa.

LICENCIADO ADAN ELVIR.

Tegucigalpa, M.D.C., Mayo 6, 1998

Estimado Lic. Elvir: le envío un cometario político solici-tándole me lo edite en tribuna del pueblo. Gracias. Mauricio Babilonia

Publicado en Tribuna del Pueblo el 12 de mayo de 1998

Lo bueno, lo malo y lo feo de los cien dias

El 7 de mayo a las 12 del mediodía se cumplieron 100 días del gobierno de Flores (aunque Radio América y La TRIBUNA digan que fue el 6) y resulta que "estas honduras" ya tienen como 500 años acumulados de vicios post colombinos y todos los ciudadanos estamos a la expectativa que "Don Carlos" nos enderece el país en 100 días, ¿y si no?... lo declaramos un mal gobierno.

En este tiempo de 14 semanas ni siquiera ha llovido (porque todavía es verano): no ha pasado ninguna navidad, muchos funcionarios no se han aprendido aun su número de celular, ni siquiera se tiene aprobado el presupuesto pero todos estamos listos para la primera evaluación.

¿Lo pasamos o lo reprobamos? Es la pregunta, y luego viene la opinión típica: ¡*ya ves que te dije queste gobierno nuiva ser gueno!;* seguimos sin agua; los gringos nos devolvieron miles de paisas de los que andan en el <<sueño americano>> y <<al suave>> nos ejecutaron a uno; resucito Betancourt; el Niño se <<zurro>> en nosotros; ya tenemos a quien comprarle armas; tuvimos la huelga del 1 de mayo, por el humo se cerró <<el Aguacate>>; el <<gordito>> nos tiene congestionados... —*yaviste, paque le dimos el voto al...* éste— y a <<volarlc riata>> los próximos 1360 días que le faltan de forma <<beligerante>> como dijo el Comandante Gallo.

Como Dios hizo la creación en solo 7 días, a los hondureños se nos ha ocurrido que debemos evaluar un gobierno a los 100 días de gestión, y yo, Don Babilonia, así como todos ustedes que me leen, también caí en el vicio y lo resumo rapidito:

LO BUENO: Al fin ordenaron al Servicio Exterior. Se conformó la policía. Se definió la supremacía de la autoridad presidencial. Se controló el gasto público. Hechos concretos de anticorrupción. La ley para la producción, competitividad y desarrollo humano es excelente. Hay promesa de reducción de trámites. Los nuevos ministerios eran necesarios.

Lo Malo: Muchos funcionarios no llegan ni a Re-albañilería. Muchas dependencias son manejadas por políticos jurásicos. Los feudos de amigotes en las instituciones. La inseguridad ciudadana se incrementa. La empresa privada brilla por su ausencia. Falta la discusión sobre el salario de los hondureños. Policía única y un único policía.

LO FEO: El Canciller llorando por delincuentes en USA. La oposición de los Rosentalistas repite su discurso de inconformidad con el <<Presi>> tal como lo hicieron con Rosuco, Azcona y Reina. Los dirigentes de base no cambian casete.

Nos vemos a los 360 días, o a los 4 años, o nos tiramos el "rollo" cada 100 días, o mejor <<empujemos todos los días en la misma dirección>>.

Mauricio Babilonia.

Juanalainez, Tegucigalpa.

Licenciado Adán Elvir.

Diario La Tribuna.

Abril 17 de 1998.

¿Cómo está? ¿Cómo está su familia? Les deseo muchas felicidades. Le envío mi opinión sobre un tema de actualidad rogándole lo publique en su interesantísimo espacio "Tribuna del Pueblo". Gracias.

Publicado en Tribuna del Pueblo el 1 de mayo de 1998

CRIMEN O CASTIGO: ¿AL FIN, CON QUIEN ESTAMOS?

--¡*Pucha*! ¿Qué confusión?-- resulta que los hondureños pasamos una de las peores etapas de criminalidad en nuestra sociedad y ahora todos nos unimos en contra de los "malvados imperialistas" para defender a un paisa norteño, criminal probado y juzgado por tribunales serios, que hace muchos años se fue de aquí, mato a una mujer por asfixia, con alevosía y ventaja (homicidio en primer grado) y ahora lo castigan o ajustician con la pena de muerte.

El Gobierno, la Iglesia, la Prensa, los comentaristas serios, la CSJ y hasta Perico de los Palotes --NO QUIEREN-- que los gringos hagan justicia con un señor **que se le ocurrió un día matar a otra persona,** y ahora resulta que hasta "las Chonas" y "las Cohfades" protestan para que no se le castigue al asesino de una desdichada mujer.

Creo que nos acostumbramos que en Honduras los asesinos anden sueltos y con protección e inmunidad: que no haya castigo. Hay asesinos Diputados. Hay asesinos Ingenieros, Médicos, Militares y Abogados. Hay asesinos comerciantes, buseros, universitarios, hijos de papá, campesinos, dirigentes, activistas y de todo tipo de condición social; recluidos en clínicas especiales, escondidos, exiliados, sueltos o recibiendo protección en las "moras" de las penitenciarías.

Ha habido Jueces y Magistrados que se han echado a más de uno. Hay criminales de a cuatro, de cinco, de ocho y hasta de a docena de víctimas. Cualquiera mata por celos, por alcohol, por pisto, por droga, por amor, por odio, por ganado, por machismo, por futbol, por venganza y "porque quiso". Se asesina a hombres, mujeres, ancianos, niños, preñadas y jóvenes. Con machete, pistola, veneno, akas, taxis, chimbas, fuego, asfixia y cualquier arma posible, y todos los muertos son justos inocentes **y nadie dice nada y a nadie se castiga**, ni culpa, ni pena, ni condena, pero nos "hinchamos de la cólera" cuando los Norteamericanos se quiebran a un culpable de asesinato, de forma tecnificada, con la silla eléctrica o inyecciones letales.

--Señor Canciller: ¡El paisano condenado mató a su mujer SIN CONSULTAR A GINEBRA y sin necesidad de intérprete! ¿Será que Ud. pagará además, con fondos de mis impuestos, el **pasaje de la madre de la víctima asesinada**, para que también vaya a los "*iunaites*" a celebrar que se castigue al que mató a su hija?

--¿O es que las víctimas no importan, Monseñor Nuncio Luigi Conti?

--¡O es que ya nos acostumbramos en Honduras que matar a una mujer alevosamente es un derecho humano, señor Leo Valladares?

--¿O es que el criminal sintió clemencia por su víctima señoras "Chonas"?

--¿O tal vez la Corte Suprema de Justicia es mejor y más cumplida con los criminales en "estas Honduras" acá que en Arizona, señor Magistrado Ávila Vanegas?

--¿O todos ustedes solo hacen esto por figurar en los periódicos y en el fondo piensan diferente?

--Cada vez me confunden más mis paisanos. Creo que deberíamos tener mucha claridad sobre la relación "crimen y castigo", ambivalencia importantísima en nuestra sociedad actual.

Mauricio Babilonia.

Juanalaínez, Tegucigalpa.

LICENCIADO ADAN ELVIR

DIRECTOR DE DIARIO "LA TRIBUNA". 1 de abril de 1998

ESTIMADO LIC. ELVIR: Por favor para Tribuna del Pueblo. Gracias.

No fue publicado por el diario

El presidente: sus amigos, enemigos y parientes

El Presidente Reina es un gran tipo. Posiblemente uno de los mejores Presidentes que ha tenido Honduras en el último siglo. Con visión de futuro y con gran impacto en los asuntos fundamentales del hondureño, con un programa que enfoca la esencia de la problemática nacional. Está haciendo cambios tan profundos que nuestra percepción superficialista no los ve a simple vista.

Los principales amigos del Presidente Reina somos los que hemos visto como se deteriora el núcleo social que ejerce la dirección y el poder de la nación. Los amigos somos los que creemos que la Revoluca mejorará esta situación y que el país se enderezará como una Nación Limpia y en esencia y se tendrá más moral. Desgraciadamente, este grupo de sonadores somos una minoría de libre-pensantes que no podremos contrarrestar con nuestros aplausos la rechifla popular del Estadio Nacional.

Los principales enemigos de Reina son los conservadores organizados que, como a Morazán, utilizarán sus ahorros y sus embrujos para disminuir ante las clases populares, los resultados y respetabilidad de un presidente de su talla. Otros enemigos serán la mayoría los inconformes que sacrifican su nivel de vida por los altos costos de los productos y servicios en el gobierno actual, comprobándose una vez más que la indigencia es más temida que la inmoralidad.

Otro frente de enemistad e inconformidad al Presidente viene critica general por el importante espacio que el Presidente ha dado a sus familiares más cercanos para intervenir en los asuntos del estado. Los parientes del presidente no han sabido seguir el consejo de que **la esposa del Cónsul Romano no solo tiene que ser honesta, sino que parecerlo**. Sus hermanos y sobrinos se están colocando en el *Hit Parade* de los "ten top" manipuladores de influencias para asegurar su fortuna futura. Como aquellos famosos empresarios asesores de Callejas de Mateo, Chinazo, Circunvalación, Bosques, etc., etc. Constantemente se ve a los parientes del presidente donde hay jugosos contratos: en tal Ministerio la licenciada Reina es con la que hay que arreglarse...; en la otra Secretaría, tal Reina tiene amplia delegación para negociar tal cosa...; esto y aquello lo maneja tal hermano del Presidente..., esos contratos son para el bufete de...; la mano peluda vive en presidencial... y así, de comentario en comentario, la población comenta que la familia presidencial es igual que la pandilla anterior.

Sr. Presidente, su reputación histórica está en las manos de que organice una enérgica reunión familiar y de que tenga un buen programa publicitario de último año. Sus amigos siempre lo recordaremos como el mejor. Entendemos que no tiene la magia para mejorar la economía familiar en un período tan corto pero si puede poner en cintura a sus parientes desbocados y pedirles, por lo menos, que en el último año se unan a la Revoluca.

Mauricio Babilonia.

Colonia Miaraespinas. Tegucigalpa.

LICENCIADO ADAN ELVIR.
DIRECTOR DIARIO "LA TRIBUNA"
SU OFICINA. Tegucigalpa, M.D.C.
Marzo 25, 1998
ESTIMADO LIC. ELVIR:

Le envío el escrito "El General y los HEROES ANONIMOS", comentario sobre un asunto de nuestra dinámica democrática que nunca ha sido mencionado. El tema es importante plantearlo por lo que le solicito lo publique en la columna Tribuna del Pueblo.

Por otro lado, hace unos días le envíe un artículo con opiniones sobre la **Re-Albañilería**. Si analiza lo que ocurre en muchos funcionarios se dará cuenta que los comentarios son muy oportunos y, jugando un poco con el prefijo "re", se abarca diversos aspectos de la noticia en forma indirecta. Le agradecería revise el texto y considere sobre su publicación. Muchas gracias. (Adjunto una copia).

Publicado en Tribuna del Pueblo el 6 de abril de 1998

"El general y los héroes anónimos"

Así como Callejas importo el Ajuste Económico, Oswaldo
López el Populismo y Reina la Moralización, en nuestro país
hubo una vez un "General" que importo la doctrina de la
Seguridad Nacional.

Esta doctrina comenzó a instalarse en nuestra sociedad a
final de los 70's y disminuyo al inicio de los 80's. El "General"
vino, y en nombre de Dios y la Patria, con la espada y la cruz,
comenzó a hacer y deshacer. Todo mundo se "aperplejo" y se
aterrorizó con lo que ocurría pero nadie hacia nada. A pesar de
haber durado poco, dejo mucho dolor y reclamos de justicia
que todavía escuchamos de parientes de los que supuestamente fueron ambos grupos antagónicos.

Nunca conocimos del final de la famosa doctrina gracias a
que, para bien de todos nosotros, **alguien, o algunos hondureños, tuvieron a bien subir al susodicho "General" en un
avión y mandarlo pa'miami**, donde los USA lo documen-
taron inmediatamente y ese fue el inicio de nuestro respiro
y que el aparato de la seguridad nacional que se montaba en
Honduras perdiera su mortal inercia.

Por lo que ocurrió con la mencionada doctrina, en otros
países latinoamericanos que no sacaron a tiempo a sus
"Generales", nos damos cuenta que con esta deportación, la
sociedad hondureña tuvo un lindo espacio para reflexionar

sobre lo que ocurría y hacer un alto en el proceso, con lo que se salvaron miles de vidas y nos alejamos olímpicamente de una cuasi guerra civil.

La pregunta sigue siendo: quien o quienes, fueron los hondureños que tomaron esa decisión y porque no los hemos condecorado?

La decisión de sacar al "General" fue posiblemente una de las principales acciones de salvaguarda a la sociedad hondureña que se han tomado en este siglo y seguramente presumió grandes riesgos para sus ejecutores. Por esa acción de la guerra fría los muertos ya no fueron tantos, se mantuvo la paz y las instituciones y los protagonistas siguen teniendo credibilidad.

Hasta ahora solo hemos analizado lo que pasó y no lo que pudo haber pasado, y los patriotas que sacaron al "General" se merecen nuestro reconocimiento como **"Héroes de Paz"**, por el gran ahorro de dolor con que nos beneficiaron.

Atentamente.

Mauricio Babilonia.

Juanalaínez, Tegucigalpa.

Licenciado Adán Elvir.

Diario la Tribuna. Marzo 12 de 1998.

Le agradezco el haber publicado mi anterior artículo. Me hizo volver al mundo de la comunicación y me emociono tal que ya le estoy enviado otro tema de momento para Tribuna del Pueblo.

Mauricio Babilonia.

No fue publicado por el diario

LA RE-ALBAÑILERÍA

Con la mención del termino de ReINGENIERIA el Presidente Flores le da a sus funcionarios el "norte" del gobierno y también d a la población una esperanza de mejoramiento institucional. El hombre sabe que la cosa ha estado funcionando mal, que los problemas cada día son mayores y que si no cambia los procedimientos aberrantes de las instituciones no podrá lograr éxitos visibles e impactantes en el corto periodo de cuatro años.

Pero la cosa parece complicársele a nivel de sus funcionarios que por su edad, por su IQ (coeficiente intelectual), por su capacidad, por su universalidad, o por su escaso compromiso, son pocos los que muestran signos de entender o realizar el necesitado proceso de renovarse, o de "volver a ingeniarse".

Algunos ya comenzaron con un proceso de re-albañilería y construyen muros alrededor de sus instituciones para aislarse en sus feudos con los amigos que los llevaron al puesto. Otros cambiaron los organigramas que encontraron en un proceso de re-carpintería y muchos andan de re-corte y re-partida, despidiendo a capacitados funcionarios de su mismo partido debido a que no son de su corriente y metiendo a otros recomendados más afines.

Muchos re Rosuquistas y re-Azconistas están desempolvándose y creen que el proceso significa una re-petida y otros, de los llamados dirigentes, se re-agrupan para continuar politi-queando y re-conocer a su próximo re-candidato y varios "de los mismos" todavía no entienden la diferencia entre el nuevo "re" dela Nueva Agenda y el pasado "re" de la re-voluca.

Hay retrasados y no falta los que ya comenzaron a re-buznar con ideas obsoletas cometiendo ya las primeras re-pasiadas, y si el Presidente no se pone las pilas le van a hacer un cambio en re-troceso.

Varios ya quieren ir de re-tirada, porque no les gustaron los sueldos o los re-ubicaron en otro puesto re-negociándoles la posición que querían y no se podrán re-cuperar de los gastos políticos.

A los policías los están re-juntando y a los favorecidos del fondo petrolero ya los está solicitando doña Vera de Re-bi. Los de Re-sental y los de Re-viver siguen molestos porque no les re-conocen su aporte mientras los de Re-ina se re-cuperan re-posando en espera de los 58 días restantes para beligerar y mientras tanto, de re-ingeniería todavía muy pocos dan mues-tras de entender la idea y apoyar al Presidente con las innova-ciones necesarias.

Mauricio Babilonia.
El Re-parto, Tegucigalpa.

Licenciado Adán Elvir.

Diario La Tribuna, Tegucigalpa.

2 de marzo de 1998.

Insisto en mandarle mis humildes comentarios para la Tribuna del Pueblo, esperando que este sea u buen año para mis opiniones periodísticas porque el año anterior no me publicó ningún escrito. Muchos saludos.

Publicado en Tribuna del Pueblo el 7 de marzo de 1998

ARRANCÓ EL GOBIERNO

El gobierno de la Nueva Agenda, o el gobierno e la Agenduca, ya arrancó al primer mes de edad.

... ¿Que cómo fue Señor? ¿Qué cómo arrancó? —¡Pues bien!—, arrancó con lo del Gabinete, arrancó con lo del Servicio Exterior, con lo de las comisiones del nuevo presupuesto. Anillo Periférico, energía, prensa, policía, etc.... *Quijue*!!, mejor que vaya más despacio sino lo van a terminar todo en sólo dos años.

Respecto al Gabinete y puestos públicos al fin parecen que todos cuentan, tal como lo dijo don Carlos. Cuenta el Monseñor; cuentan los jampedranos y varios con esposas americanas. Cuentan los hombres invisibles. Cuentan los cachos y en las corrientes liberales los floristas cuentan de a montón, los de LIBRE ya agarraron mucho y los Villedistas cuentan como cuatro.

Cuentan varios de la Revoluca y los Panting, Michelettis, Santos, Martínez y Bermúdez cuentan hasta por familias. Cuentan jóvenes, cuentan viejos y cuentan los de la americana, y el género femenino es un cuentón, total, todavía no se terminan las chambas y dicen que el hombre ya cumplió con todos.

Lo del servicio exterior es una gran medida por pocos comprendida. El servicio diplomático y consular se había venido atiborrando de becarios y amigos o parientes de los funcionarios de los últimos seis gobiernos: estudiantes, paracaidistas, contrabandistas, *desaparecedesaparecidos*, haraganes y todos los que pasaron por la Puerta de Alcalá como dice la canción. Ya no había espacio para tanta gente.

Las otras comisiones presidenciales es un nuevo estilo de hacer gobierno y ojala funcione. Los notables bien pagados se encargan de resolver asuntos específicos que distraen la atención de los ejecutivos ministeriales. Lo de la energía... ¡Uy, qué energía! Lástima que en este sector haya puesto a los menos mejores.

Ahora nos veremos a los 100 días como dijo el Comandante Reina antes de retirarse a descansar.

Mauricio Babilonia.

Miraespinas, Tegucigalpa.

LICENCIADO ADAN ELVIR
DIRECTOR DE DIARIO "LA TRIBUNA"
SU OFICINA
Tegucigalpa, M.D.C. Febrero de 1998
Estimado Lic. Elvir: le envío un cometario político solici-
tándole me lo edite en tribuna del pueblo. Gracias.
Mauricio Babilonia.

No fue publicado por el diario

Ya mucha flor pa'l perdedor

Ingeniero Flores, ya usted gano las elecciones y lo felicitamos grandemente y nos atrevemos a hacerle la primera crítica: desde que gano, hasta este momento, aunque solamente han pasado pocos días, Ud. solamente se la ha pasado alabando y contemplando a los perdedores y se ha olvidado de los ganadores.

Los Cachos perdieron por maquiavélicos y hay que hacérselos ver. Cuando los liberales han perdido los Nacionalistas los han amenazado y se han burlado de ellos. Doña Nora, en su primer discurso de perdedora, ya denunció el fracaso nacional de género contra el machismo y amenazó con iniciar el montaje de una oposición y Callejas insistió en su victoria anterior contra Flores y se mencionó como empatado.

Si su campaña no hubiera sido inteligente Don Carlos, Nora, Callejas, Corrales y los demás lo hubieran destrozado con una campaña sucia contra su persona, su familia y sus amigos.

Los vencidos ya están vencidos y deben de sentirlo Ingeniero. Preocúpese por los vencedores: visite a los líderes de las corrientes internas; mencione a los honorables del Partido liberal; agradezca a las bases y a la población liberal y aunque es cierto que todos suman, que sumen primero los de casa y después los perdedores.

Felicidades de nuevo Ingeniero Flores, le auguro que en su presidencia se convertirá en uno de los principales desarrollistas de Honduras.

Atentamente,

Mauricio Babilonia.

La Nueva Agenda, Tegucigalpa.

Año 1997

Año electoral.

LICENCIADO MANUEL ACOSTA
GERENTE DIARIO LA TRIBUNA
SU OFICINA. Noviembre 26, 1997
ESTIMADO LIC. ACOSTA:
Insisto en enviarle algunos comentarios sobre mi visión de lo que pasa en mi país, solicitándole los de a conocer a su público a través de la columna Tribuna del Pueblo. Este año le he enviado seis artículos y no me publicó ninguno. A ver si este pega. Muchas gracias.
No fue publicado por el diario

EL GABINETE MINISTERIAL DEL PERIODO REINA

El séquito de Ministros y hombres "Top" del Presidente Reina ha sido básicamente un grupo de funcionarios *"fifiri-fao"*, o sea, un grupo sin cuerpo propio en el arte político, sin consistencia social, sin compromiso económico, ni consenso conceptual ni conpinchazgo ideológico. Ningún Ministro ha logrado presencia ni liderazgo en su sector y ni siquiera todos compartieron la tesis ético-moral del Presidente, total, como toda una gallería con diferente plumaje.

Qué como los escogió el Presidente, nadie sabe?

Algunos Ministros no han tenido más mérito que el haber sido sus compañeros de bufete o amigos de su hermano mayor. Alguno se proclama como su antiguo compañero de lucha y algún otro, el más grandote, se llena la boca jactándose de haber sido su compañero de cárcel del presidente (imagínense que tal merito!)

Durante el reinado de Reina no hubo mayores cambios ministeriales. Hubo algunas permutas. Al más sociólogo lo metió al mamo; a un cachureco le corto las uñas por mañoso; a otro lo renuncio por lentejo y el más político se le retiro para seguir politiqueando. Por otro lado, dos o tres Minis se pasaron todo el periodo Reina atruncuñándose trago a cual mas no dar, a pesar de que al Presi no le gusta este vicio. Hubo un súper-mini que no cuajo en ningún lugar y hubo que andarlo rotando para mantenerlo en la planilla.

Con la única representante femenina le fue muy bien a pesar de que, a nivel de vices el género le salió torpe e inocuo. De los parientes ni hablar, había que ponerse antídoto. De otro cercanos su secre privado se "Lucio" todo el tiempo y el hombre invisible fue muy visible en Miami.

Total, a pesar de que casi todos fueron "pan sin sal", en términos generales el Presidente Reina tuvo un buen gobierno del que recordaremos al presidente, porque no creo que de sus ministros se vuelva a hablar *per secula seculorum*.

Mauricio Babilonia.

Miraflores, quinto piso. Tegucigalpa.

Ingeniero Manuel Acosta Medina.
Gerente Diario la Tribuna.
3 de noviembre de 1997
Estimado ingeniero Acosta. Por favor, para ser publicado en
Tribuna del Pueblo (A ver si esta vez pego!)
No fue publicado por el diario

Colón y los Lencas

El Almirante Cristóbal Colon llego a América en 1498 y luego nos estuvo visitando hasta 1504. A Honduras solo llego cerca de Trujillo y Gracias a Dios en 1503, casi no se bajó de su Carabela y no tuvo tiempo de visitar a los Lencas. A Lempira, nuestro gran héroe nacional y ejemplo para la Tribu Lenca, el descubridor no lo llego a conocer porque para esa fecha, el que después sería el gran Señor de las Montañas, era un indito hirsuto de solamente seis añitos de edad, que andaba jugando todo careto a la cacería de tijuiles con un arco y unas flechas romas que le había dado su papa Don Lempira allá en las laderas del Congolón.

O sea, Colon y Lempira no se conocieron. El uno andaba muy preocupado con lo de su viaje y el otro haciendo travesuras. Si hubieran tenido la oportunidad de compartir es seguro que se hubieran respetado y admirado mutuamente.

Tampoco Colon conoció a los Lencas directamente, a no ser que hayan habido algunos en la colección de ejemplares americanos que se llevaron a España para mostrar las rarezas del nuevo mundo descubierto.

Después de Colon vinieron otros lanas. Posiblemente los dirigentes Lencas de ahora, que de Lencas tienen muy poco, son más descendientes sanguíneos de estos conquistadores que vinieron a botar las imágenes establecidas por los Lencas de aquella época (aunque no tenemos idea de que esta antigua tribu haya dejado algo monumental).

Cuando se visita la "Piedra Parada", donde se dice que murió el Cacique Lempira, uno se siente contento de que exista en nuestro país la leyenda de que un dirigente nativo de estas honduras se haya enfrentado al invasor, no importa de qué etnia salió el héroe, ni quien haya sido el invasor, lo importante es tomar el legado de valentía que recibimos todos los hondureños con el ejemplo del lenca Lempira.

Lástima que los lencas de ahora, los dirigentes con su dieciséis de conquistadores, solo tengan valentía para andar botando estatuas inertes y entregando su sangre con hipodérmicas de plástico y no nos dejen el mismo ejemplo que este famoso Indio hondureño.

Saludos a los criollos de Honduras.

Mauricio Babilonia.

Miraespinas, Teguz.

LICENCIADO ADAN ELVIR
DIRECTOR DIARIO "LA TRIBUNA"
SU OFICINA
17 de abril de 1997
ESTIMADO LIC. ELVIR:
Solicito me complazca publicando mi contribución a su diario en la sección Tribuna del Pueblo. Le agradezco anticipadamente su gesto.
No fue publicado por el diario

Los burócratas y los chortís

El Etno-Show parece ser ya un asunto cotidiano en nuestra capital y por lo que se ve, durará hasta el 2025 como dijo el Monseñor.

Es gracioso darse cuenta de la disparidad de los negociadores en las múltiples reuniones de acuerdo y desacuerdo. Los burócratas de la Revoluca siempre displicentes, los "autóctonos" siempre rústicos y los vivarachos garantes siempre en la jugada.

Me cuentan que las diferencias son parecidas a las de hace 500 años cuando los europeos "llegamos" a estas indias.

Por un lado está los disque llamados Chortis (o Chorties), disque descendientes de una desaparecida raza: los Mayas; vistiendo Blue-Jeans, botas tractoras, camisas de bulto, pelo hirsuto, mochila con motivos de Xena (la de Hércules) y sombrero plástico de paja o gorra de los Bull's.

Al otro lado de la mesa, los funcionarios "clave" del Gobierno (visibles e invisibles), seleccionados por el propio Gallo, vistiendo blazers de J.C.Penny, algunos con traje de Rivoli y todos con el pelo teñido o usando peluquín, con las uñas laqueadas y oliendo a Lavanda.

Los Indios todos jóvenes e impacientes y los funcionarios todos maduros o tercereando la edad.

Cuando los étnicos salen del salón de sesiones a acostarse en el duro suelo de las afueras del Congreso, a seguir patrañando su huelga, y a comer sus mejunjes épicos en medio de una sociedad capitalina que los adversa por su poca credibilidad, los funcionarios salen a comer a los Bufetes Oficiales de los hoteles capitalinos en Seminarios financiados por Organismos Internacionales, en el aire acondicionado, donde siguen también patrañando de que están resolviendo el problema que alguien le trajo al Presidente cinco siglos después y opinando que todavía no entienden que quieren estos advenedizos ni sus asesores europeos.

Huelen diferente. Comen diferente. Razonan diferente. El sueldo anual de un funcionario negociador es 70 a 100 veces mayor que el ingreso anual de un indio negociador. Cuando el amerindio (a)(si no se enojan los del Género) viene amontonado en bus o camión a pedir tierras al burócrata a la capital, el funcionario criollo las va a inspeccionar en un 4x4, polarizado, *air-conditioned*, tres filas de asientos reclinables, con chofer, orden de combustible por 60 galones unleaded, viáticos de 50 US$ per day, y pide asistente, coordinador y secretaria, en carro aparte, para levantar las Aid-Memua y que quede constancia de lo platicado.

Las fechas y asistencia de las reuniones se hacen de acuerdo al programa de viajes internacionales que tienen los de confianza del presidente. Mientras los autóctonos esperan apretando la tripa, los funcionarios ladinos andan por las capitales europeas de los conquistadores sesquicentenarios, gastando en un solo viaje lo que se necesitaría para mantener de diez a quince familias chortí durante un año.

Como se van a poner de acuerdo si nadie entiende al otro que tiene enfrente. Si nativo y funcionario pertenecen a mundos completamente distintos y cada quien tiene diferentes sueños donde su contraparte estorba.

El circo étnico continuará. Es un nuevo filón de activismo y figuración. Hoy los Mayas; mañana los negros; pasado mañana los criollos, los ladinos, los mestizos, los blancos o los nuevos compatriotas amarillos del chinazo.

Total, qué más da! Es solamente un problema de pobres y ricos, de literatos e iliteratos, de gordos y flacos, urbanos y rurales, desarrollados y subdesarrollados, norteños y sureños, los In y los Out o los unos y los otros.

Sigamos pidiendo, reclamando, convergiendo y negociando que ya no hay tierras pa'nadie y los pobres siempre existirán... a menos que se vayan pa'miami.

Salud pueblos de Honduras.

Mauricio Babilonia.

Miraespinas. Tegucigalpa

Año 1996

Sr. Diario la Tribuna.

Tegucigalpa. 2 de Marzo de 1996

Hace más de un año que no le envío mis comentarios para **Tribuna del Pueblo** porque cada vez que opinaba de los militares Ud. no tenía espacio para mí. Sin embargo ahora, con la Revoluca, parece que la cosa esta mejor y entonces le envío un comentario tímido, para comenzar de nuevo mi acercamiento con ese prestigioso Diario.

Le deseo los mejores parabienes a Ud. y su distinguida familia.

Publicado en Tribuna del Pueblo el 14 de mayo de 1996

Los tigres y las domésticas

Ahora resulta que a los valerosos Tigres del Ejército no les ajusta el salarito que ganan y se quejan ante la opinión pública que, los CIENTOS de Oficiales, doblemente paracaidistas, solamente ganan entre 7,000 y 11,300 Lempiras mensuales por estar en sus casas viendo telenovelas.

Lo anterior no es correcto por que los Tigres Oficiales, u Oficiales Tigres, son como las Empleadas Domésticas, que no solamente reciben su salario completito sin pagar impuestos, sino que además reciben del patrón Gobierno todo tipo de prebendas y favores con lo que quintuplican su ingreso.

Los oficiales tienen varios carros "sin placas" a su disposición, con chofer y ayudante, para sus labores personales y domésticas, con la gasolina y mantenimiento pagado por el Ejército.

En las casas de los Oficiales permanecen dos y hasta tres soldados que paga la patria, para realizar sus mandados familiares y la vigilancia.

El gobierno provee a los oficiales y parte de sus familias de toda su ropa, interior y exterior, y el mantenimiento y actualización de todos sus uniformes.

Por cada Oficial que cuenta, existe un costoso equipo bélico al que él tiene acceso y una estructura logística para atenderlo.

La familia del militar tiene acceso a mercados con descuentos especiales y en sus instalaciones les proveen de hasta el jabón.

El Oficial del ejército se desacostumbro de pagar el agua, luz, teléfono, multas de tránsito, transporte e impuesto sobre la renta.

Muchos de estos Oficiales pertenecen a las Juntas Directivas de las Múltiples industrias militares y perciben jugosas DIETAS por su participación.

Total, el salarito que ganan, por brindar tantos servicios a la patria, se quintuplica debido a los múltiples ingresos indirectos que reciben de los fondos del presupuesto nacional, como las domesticas en mi casa, que no protestan por el mínimo de la revoluca porque con lo de la comida y los indirectos ya casi ganan como un Tigre Oficial u Oficial Tigre.

Mauricio Babilonia.

Quebrada del Sapo, Tegucigalpa.

Del Diario la Tribuna:
Las falacias de Babilonia

Nota critica en protesta por mi artículo "Los tigres y las domesticas" escrita por el Capitán José Rafael Guzmán y publicada en Tribuna del Pueblo el 17 de mayo de 1996.

Se adjunta gráficamente.

Publicado en Tribuna del Pueblo el 17 de mayo de 1996

Año 1995

Don Adán Elvir.
Su Oficina. 6 de marzo de 1995
Favor publicar esta nota en la columna Tribuna del Pueblo.
Atentamente.

Mauricio Babilonia.

No fue publicado por el diario

Kikiriquí...

Ahora que un nuevo Gallo nos canta y se retiran las aves de negro plumaje, posiblemente la cachurecada honesta ponga atención a nuestra visión de los motivos de su derrota:

1. El gobierno nacionalista de Callejas no gobernó para el pueblo sino que para élites económicas y familiares.

2. El mensaje presidencial era fatuo, lleno de mentiras ocultas por tecnicismos y voceado por charlatanes como Abufelle, Goldstein, el Zarco...

3. Muchos profesionales pícaros se llenaron de dinero engañando a los nacionalistas diciéndole que su organización era la mejor de Centro América y los fregaron.

4. El Candidato y su camarilla incorporó el concepto FUUD/APROH al partido nacional. Los colores de la campaña ya no eran azul y blanco sino que azul y amarillo y la campaña anticomunista les dio miedo a la gente.

5. Como se repartieron la candidatura a dedo, en una cantina de Coyolito, no dieron a sus correligionarios el candidato que estos querían.

6. Los miembros del Monarca no hicieron más que desfiles de modas, decoraciones, viajar gratis, repartirse licitaciones, montar organizaciones privadas y repartirse el botín mientras los nacionalistas se empobrecían.

7. La corrupción en el gobierno, el soborno a empresarios privados, el mangoneo de Juan Ramón Martínez y Mario Aguilar en el TNE, la corrupción de los Magistrados y el libertinaje de los militares son causantes del Voto de Castigo.

Atentamente,

Mauricio Babilonia.

Gallinero del juanalainez.

Año 1994

Toma posesión Carlos Roberto Reina como Presidente.

Sr. Periodista Adán Elvir Flores.

Febrero de 1994

Solicito a usted que considere el comentario político que adjunto a continuación para ser editado en su prestigioso periódico. En la sección Tribuna del Pueblo. Gracias.

Publicado en Tribuna del Pueblo el 2 de febrero de 1994

Rojo con azul: la revolución morada

El Doctor Reina quiere hacer una revolución moral. Pero ésta, debería de ser solamente colorada, sino, le va a salir de otro color.

Don Beto dijo en su campaña (o así entendí yo?): …los pilares de mi revolución serán cuatro: la persona humana, la justicia, el desarrollo económico y el medio ambiente…

Cuando en un gabinete se mezclan cachurecos conservadores y liberales morazanistas, es como cuando se mezcla el color rojo con el color azul, y entonces la revolución sale morada.

Viéndolo de otra forma: cuando el presidente Reina solicite a sus funcionarios colorados que realicen proyectos para el desarrollo económico de la persona humana, estos ministros cheles, para cumplir con la ley, tendrán primero que ir a solicitar a un ministro azul el permiso ambiental de los proyectos. Si el proyecto es subjetivamente-ambientalmente factible, los ministros colorados irán después a buscar el permiso presupuestario donde el otro ministro azul; y si el proyecto es presupuestariamente factible y le aprueban los fondos, hasta ese momento el funcionario liberal iniciara los tramites y estudios del proyecto; y entonces… el ministro colorado comenzará el proyecto pero para esto ya han pasado cuatro años, y entonces la persona humana que voto por la revolución moral ... ya va estar morada.

Eso es la Revolución Mora-da.

Felicidades Doctor, buen inicio.

Mauricio Babilonia.

Miraespinas, Tegucigalpa.

Sr. Periodista Adán Elvir Flores.

Enero de 1994

Solicito a usted que considere el comentario sobre el show en el Estadio que adjunto a continuación para ser editado en su prestigioso periódico. En la sección Tribuna del Pueblo. Gracias.

Publicado en Tribuna del Pueblo el 25 de enero de 1994

CHIFLAMOS O NO CHIFLAMOS

Es interesante escuchar en círculos políticos a varios intelectuales y activistas de los partidos discutiendo el asunto de que si el 27 de enero en el acto de cambio de gobierno en el Estadio Nacional, el público habrá de chiflarle o no chiflarle al gobernante saliente.

De repente, que el acto de chiflar a los malos funcionarios cada cuatro años, no es más que una de las pocas posibilidades de protestar que tiene la población hondureña y una de las pocas sanciones que existen para los políticos gobernantes, que aunque sean de lo más criminal y corruptos, siempre se las arreglan para tener una inmunidad vitalicia.

La población no cuenta con formas para canalizar su protesta por los malos gobiernos. En vista de la falta de coraje de nuestra clase media, la sociedad hondureña no ha podido siquiera organizar la Marcha de las Cacerolas. Muy pocos habitantes que sabemos escribir protestamos a través de Tribuna del Pueblo y otros pocos, que tienen tiempo y saben hablar, llaman esporádicamente a algún noticiero popular de las radioemisoras para manifestar su inconformidad. Pero, la mayor parte de la población que no puede escribir, que no tiene teléfono, que no tiene electricidad ni radio ni comida, ni educación, ni medicamentos, ni casa, ni cacerolas solamente tienen dos opciones para canalizar su protesta: sentirse libres detrás de la cortina y votar por el castigo, y chiflar y rechiflarle al presidente saliente.

Esas dos únicas formas de protesta solamente se presentan durante dos efímeros momentos cada cuatro años. No le neguemos al pueblo su derecho al pataleo. Si el gobierno saliente fue malo y corrupto chiflémosle y rechiflémosle en el Estadio Nacional el día 27.

Mauricio Babilonia.

Mala espinas, Tegucigalpa

Año 1993

Año electoral.

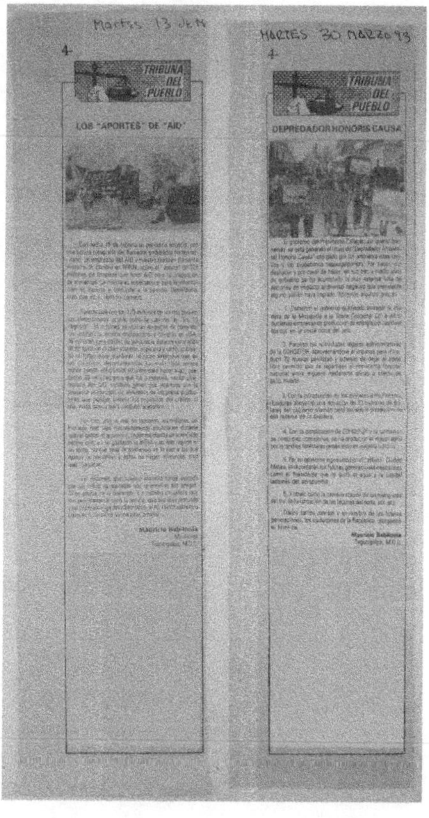

Martes 13 de N

4

TRIBUNA DEL PUEBLO

LOS "APORTES" DE "AID"

MARTES 30 MARZO 93

4

TRIBUNA DEL PUEBLO

DEPREDADOR HONORIS CAUSA

Miércoles 27 de octubre de 1993

TRIBUNA DEL PUEBLO

POCO SERIOS LOS LIBERALES

[illegible]

[illegible]

Col. [illegible]

Tegucigalpa, M.D.C.

PUCHA DON PICHO! QUE PACHA?

[illegible]

Gilberto Goldstein

[illegible]

[illegible]

[illegible], Tegucigalpa

Sr. Periodista Adán Elvir Flores.

4 de octubre de 1993

Solicito a usted que considere el comentario que adjunto a continuación para ser editado en su prestigioso periódico. En la sección Tribuna del Pueblo. Gracias.

Publicado en Tribuna del Pueblo el 27 de octubre de 1993

Pucha don Pichu! Qué pacha?

El asesor y secretario presidencial, otrora empresario activo y ahora empleado público, Don Gilbert Goldstein, encabeza la lista de los burlones (o bufones) del gobierno de las hamburguesas.

En sus últimas declaraciones sobre los frijoles chinos, el secretario de Don Rafael Leonardo menciono que 4el pueblo no tiene que preocuparse porque todo está estable, que todo es bonito, que todo está bajo control, que hay alimento, medicinas, gasolina y dólares para todo mundo y que Honduras es un país bello, el mejor lugar para vivir.

Pero Don Picho esta de lado de los favorecidos por los gobiernos y existe otra cara de la moneda donde está la mayoría de la población (o como dirían los españoles: la vuelta de la tortilla)

Mientras Don Gilberto se pasea por las pavimentadas calles del gobierno en su Merches Benz, con ventanas oscuras, no ve la cara de millones de niños hambrientos pidiendo comida y resistoleandose en el Rio Choluteca y en los tantos lugares oscuros de este país.

Mientras el secretario privado del presidente se codea en casa presidencial con la Primera Dama mejor vestida de América (y por lo consiguiente la mejor vestida de Ayarumela) y otros elegantes miembros de nuestra sociedad que ahora son empleados públicos, en festines diplomáticos y viajes opulentos pagados con la partida presidencial, millones de hondureños andan semidesnudos o con ropa de bulto, comiendo cuando hay y sin un cinco para llevar a sus hijos coléricos donde el médico.

Mientras Don Picho disfruta de sus preciosas viviendas y se instala en las suites presidenciales de los mejores hoteles del mundo, con dinero del presupuesto nacional, los otros hondureños no podemos tener vivienda aunque trabajemos toda la vida, porque no alcanza. Si comemos no podemos tener casa; si tenemos techo no podemos pagar la salud ni la educación; ni pensar en pensar en viajar; si tenemos pa'l doctor no ajusta para pagar la ENEE...

Pucha Picho, que envidia te tenemos! Así cualquier lugar es el más bello del mundo.

Mauricio Babilonia.

Miraespinas, Teguciglpa.

Sr. Periodista Adán Elvir Flores.

Marzo de 1993

Solicito a usted que considere el comentario que adjunto a continuación para ser editado en su prestigioso periódico. En la sección Tribuna del Pueblo. Gracias.

Publicado en Tribuna del Pueblo el 30 de marzo de 1993

DEPREDADORES *HONORIS CAUSA*

El gobierno del Presidente Callejas, sin querer queriendo, se está ganando el título de "Depredador Ambiental Honoris Causa" otorgado por los ambientalistas criollos y los ciudadanos tegucigalpenses. Por hacer, por deshacer y por dejar de hacer, en sus tres y medio años de gobierno se ha acumulado la más extensa lista de acciones de impacto ambiental negativo que Presidente alguno jamás haya logrado. Miremos algunas gracias:

Comenzó el gobierno queriendo entregar la madera de la Mosquitia a la *Stone Container Co.* E introduciendo empresas de energía por residuos tóxicos en la costa norte del país.

Paralizo las actividades legales administrativas de la COHDEFOR aprovechándose el impase para introducir 70 nuevas palilleras y, además de dejar el corte libre permitió que se repartiese el remanente forestal nacional entre algunos madereros afines a precio de gallo muerto.

Con la introducción de los militares a Rio Plátano, Honduras ahuyentó una donación de 10 millones de dólares del gobierno alemán para manejo y protección de esa reserva de la biosfera.

Con la paralización de COHDEFOR y la formación de como diez comisiones, se ha producido el mayor daño por incendios forestales jamás visto en nuestra historia.

Por su aparente ingenuidad en el "affaire" Ciudad Mateo, lo recordaran las futuras generaciones capitalinas como el presidente que le quitó el agua a la capital (además del aeropuerto).

Y otras, como la camarización de los manglares del sur, la turistización de las lagunas del norte, etc. etc.

Dados tantos méritos y en nombre de las futuras generaciones, los ciudadanos de la Republica. Otorgamos el título de…

Mauricio Babilonia.

Tegucigalpa M.D.C.

Sr. Periodista Adán Elvir Flores.
Marzo de 1993
Solicito a usted que considere el comentario que adjunto a continuación para ser editado en su prestigioso periódico. En la sección Tribuna del Pueblo. Gracias.
Publicado en Tribuna del Pueblo el 13 de marzo de 1993

Los "aportes" de "AID"

Con fecha 15 de febrero su periódico anuncia con una bonita fotografía del flamante embajador norteamericano, un empleado del AID y nuestro también flamante ministro del Cambio en RRNN, sobre el "aporte" de 120 millones de Lempiras que hace AID para la producción de alimentos. La noticia es espectacular pero la información es incierta y confunde a la opinión. Desinforma, creo que es el término correcto.

Sucede que con los 120 millones de los dos proyectos mencionados ocurre como la canción "de los 10 negritos". 34 millones se pagan en pagos de consultores, asistencia técnica internacional y compras en USA, 46 millones para gastos de burocracia durante siete años en técnicos de ciudad, viáticos, papelería y combustibles; 10 millones para mantener técnicos extensionistas en las Cabeceras departamentales haciendo nada porque nunca tienen suficientes recursos para hacer algo, quedando 30 millones para que los banqueros, sector privilegiado del AID, también ganen sus intereses con la supuesta producción de alimentos que los pocos productores que pueden cumplir los requisitos del crédito. O sea, nada queda para producir alimentos.

Por otro lado, si mal no recuerdo, los millones del Proriego han sido frecuentemente anunciados durante todo el gobierno anterior y, según me cuenta un licenciado vecino mis, ya han gastado la mitad y no han regado ni un elote, porque toda la asistencia se la dan a los que menos la necesitan y estos no riegan alimentos, sino que "bananas".

En resumen, que nuestro ministro tenga cuidado con las cifras ya gastadas que le enseñan sus amigos. Si se confía se lo duermen. Y a nuestro periodista que tan sencillamente sacó la noticia, que sea más profundo y no nos mantenga desinformados, si no, nunca sabremos conocer a nuestros verdaderos amigos.

Mauricio Babilonia.

Miraflores, Tegucigalpa M.D.C.

Año 1992

El primer artículo de Mauricio Babilonia.

Sr. Periodista Adán Elvir Flores.

Octubre de 1992

Solicito a usted que considere el comentario que adjunto a continuación para ser editado en su prestigioso periódico. En la sección Tribuna del Pueblo. Gracias.

Mauricio Babilonia.

Publicado en Tribuna del Pueblo el 17 de octubre de 1992

CHIFLA Y RECHIFLA...

Hace un par de meses el público en el Estadio Nacional chifló y rechifló al Presidente de la Republica; el señor mandatario, haciendo uso de su natural displicencia, comentó que lo que pasaba era sencillamente que en esta nación unos eran del Olimpia y otros del Motagua, y que unos eran liberales y otros nacionalistas.

El presidente, pensando siempre en futbol o política, no se ha enterado que la población hondureña le ha perdido el cariño y el respeto debido al avanzado estado de descomposición y miseria que las medidas económicas de su gobierno han causado a la población y que dan el motivo de la chifladera que escucho en el estadio Nacional y de toda la silbatina que en el futuro seguirá escuchando.

El pueblo hondureño le chifla Sr. Presidente porque usted protege a sus ministros, funcionarios y asociados irregulares en actos de corrupción como el carrazo, el telazo, el medicinazo, etc.

La chifla se las ha ganado Licenciado Callejas, por burlarse de la población hambrienta de Honduras con su teoría de las hamburguesas, por las crecientes mareas de mujeres y niños miscrables mendigando en las calles de Honduras mientras las comitivas presidenciales se pasean por el mundo en un gran despliegue de modas y joyería.

Las barras le chiflan al Sr. Presidente por su constante y exagerada publicidad para crear las grandes mentiras políticas y usar las cadenas nacionales para promocionar a los candidatos del partido de gobierno.

Le chiflamos don Rafa porque cada vez que hay un problema en el país usted se inventa un viaje al exterior y por su conducta demostrada respecto a la democratización del Partido Nacional.

Por eso y muchas cosas más, Sr. Presidente, usted evitará el contacto con el público como lo hizo el pasado 15 de septiembre, porque los engañados haremos uso de nuestro derecho de chifla y rechifla cuando lo veamos pasar, porque es lo único que nos queda.

Mauricio Babilonia.

Tegucigalpa D.C.

Índice

Editorial LibrosEnRed

LibrosEnRed es la Editorial Digital más completa en idioma español. Desde junio de 2000 trabajamos en la edición y venta de libros digitales e impresos bajo demanda.

Nuestra misión es facilitar a todos los autores la edición de sus obras y ofrecer a los lectores acceso rápido y económico a libros de todo tipo.

Editamos novelas, cuentos, poesías, tesis, investigaciones, manuales, monografías y toda variedad de contenidos. Brindamos la posibilidad de comercializar las obras desde Internet para millones de potenciales lectores. De este modo, intentamos fortalecer la difusión de los autores que escriben en español.

Ingrese a www.librosenred.com y conozca nuestro catálogo, compuesto por cientos de títulos clásicos y de autores contemporáneos.

www.ingramcontent.com/pod-product-compliance
Lightning Source LLC
Chambersburg PA
CBHW021805270326
41932CB00007B/62

* 9 7 8 1 6 2 9 1 5 4 7 5 6 *